Um Psicanalista no Divã

Obras de J.-D. Nasio publicadas por esta editora:

5 lições sobre a teoria de Jacques Lacan

9 lições sobre arte e psicanálise

Como agir com um adolescente difícil?

Como trabalha um psicanalista?

A criança do espelho
(com Françoise Dolto)

Édipo
O complexo do qual nenhuma criança escapa

Os grandes casos de psicose

A histeria

Introdução às obras de Freud, Ferenczi, Groddeck, Klein, Winnicott, Dolto, Lacan

Lições sobre os 7 conceitos cruciais da psicanálise

O livro da dor e do amor

Meu corpo e suas imagens

O olhar em psicanálise

Os olhos de Laura

Por que repetimos os mesmos erros

O prazer de ler Freud

Um psicanalista no divã

Psicossomática
As formações do objeto a

O silêncio na psicanálise

Sim, a psicanálise cura!

Em formato de bolso:

A dor de amar

A dor física
Uma teoria psicanalítica da dor corporal

A fantasia
O prazer de ler Lacan

Introdução à topologia de Lacan

J.-D. NASIO

UM PSICANALISTA NO DIVÃ

Tradução:
André Telles

ZAHAR

Tradução autorizada da primeira edição francesa
publicada em 2002 por Éditions Payot, de Paris, França

Título original
Un psychanalyste sur le divan

CIP-Brasil. Catalogação-na-fonte
Sindicato Nacional dos Editores de Livros, RJ

Nasio, Juan-David
N211p Um psicanalista no divã / J.-D. Nasio; tradução André Telles. — 1ª ed. — Rio de Janeiro: Zahar, 2003.

Tradução de: Un psychanalyste sur le divan
ISBN 978-85-7110-710-6

1. Nasio, Juan-David — Entrevistas. 2. Psicanálise — Entrevistas. I. Título.

03-0509 CDD: 150.195
CDU: 159.964.2

EDITORA SCHWARCZ S.A.
Praça Floriano, 19, sala 3001 — Cinelândia
20031-050 — Rio de Janeiro — RJ
Telefone: (21) 3993-7510
www.companhiadasletras.com.br
www.blogdacompanhia.com.br
facebook.com/editorazahar
instagram.com/editorazahar
twitter.com/editorazahar

A idéia de fazer este livro me ocorreu após uma série de entrevistas concedidas a um jovem estudante de psicologia, Xavier Diaz. Devo agradecer-lhe pela qualidade de suas perguntas. Elas me permitiram falar livremente sobre meu trabalho, minhas convicções, minhas dúvidas e minha vida como psicanalista. Escrevi estas páginas mantendo o estilo oral e ágil do diálogo.

J.-D.N.

Sumário

A SÓS COM A CRIANÇA 101

ELOGIO DO ESGOTAMENTO 127

Como trabalha um psicanalista?

Os mergulhadores

▸ XAVIER DIAZ: *Antes de começar, pediria que respondesse às minhas perguntas com toda simplicidade, sem artificialismos ou hesitação. Como se estivesse falando estendido neste divã aqui à nossa frente.*

NASIO: Seria simpático me ver de novo no divã tantos anos depois de tê-lo deixado! Mas quero mesmo jogar o jogo; estou curioso por saber aonde isso vai nos levar. Em todo caso, digo-lhe de cara que o trabalho empreendido com meus pacientes é certamente uma maneira de permanecer no divã. Por quê? Porque um psicanalista trabalha não apenas com seu saber prático e seu saber teórico, mas sobretudo com sua capacidade de experimentar emoções, de fantasiar e, para resumir, de fazer seu inconsciente vibrar. No fundo, ser psicanalista é nunca ter deixado o divã.

▸ *Pois então minha primeira pergunta dirá respeito precisamente ao divã. Por que pedir aos pacientes que se deitem?*

O divã tem uma função dupla: uma referente ao analisando; outra, ao analista. Ao analisando, induz o estado de recolhimento propício ao surgimento de lembranças, imagens, sentimentos e sensações. Ao se deitar, um paciente modifica singularmente seu ponto de vista sobre si mesmo e sobre o mundo. Passa de uma visão vertical e exterior das coisas a uma visão onírica de sua vida interior. A outra função do divã é libertar o analista da obrigação de suportar durante o dia inteiro o olhar escrutador de seus interlocutores. Vigiar-se constantemente o impede de estar disponível para penetrar dentro de si próprio e sentir livremente as ressonâncias das palavras que o paciente lhe dirige. Pedir ao analisando que se deite não é portanto um simples ritual, mas um gesto técnico essencial que suscita a fala íntima e favorece a escuta atenta.

Como curiosidade, saiba que eu mesmo projetei este divã. Na realidade, o marceneiro propunha um modelo de espreguiçadeira em couro que me agradava bastante, mas cuja cabeceira era muito alta. Submeti então ao fabricante o croquis de um canapé com o espaldar mais baixo para alinhá-lo ao nível da minha poltrona. Queria suprimir uma elevação exagerada da cabeceira, o que teria me distanciado do paciente. É um móvel belíssimo, sem ostentação mas provavelmente único. Tive vontade de trocá-lo várias vezes e acaba que estou com ele há mais de trinta anos! Na parede, em cima dele, está pendurada a reprodução de um quadro de Bruegel. Meus pacientes muitas vezes comentam que o divã parece dividido em dois: do lado esquerdo destaca-se o aspecto obscuro e monacal do Bruegel isolado numa grande parede branca; do outro, o aspecto colorido que se abre para a parte mais luminosa e despojada do aposento.

▸ *A atmosfera de um consultório tem assim tanta importância?*

É primordial. Dou bastante importância à estética do lugar onde recebo. Você sente claramente o ambiente caloroso do gabinete com a iluminação em amarelo e laranja que torna o espaço leve e transparente. É assim que gosto dele. Certos colegas, ao contrário, preferem a austeridade de um recinto sombrio em tonalidades escuras e cheio de livros. Cada um à sua maneira torna o local o melhor possível para seu trabalho de escuta.

▸ *E como o senhor trabalha?*

Tento ser um psicanalista próximo dos meus pacientes, próximo tanto no sentido próprio como no figurado. Quando o analisando está de frente para mim sento-me habitualmente na beirada da minha poltrona para me fazer mais presente; se está deitado, deslizo o assento para perto do divã para reforçar a intimidade da escuta. Contrariamente à imagem caricatural do psicanalista mudo, distante e passivo, concebo a presença do analista como uma presença plena, ativa, inteiramente focalizada na pessoa do paciente. Na minha opinião, o clínico deve ser um observador minucioso, atento não somente às falas e aos silêncios do analisando, mas também às suas manifestações corporais. De fato, uma boa escuta começa por uma boa observação. A partir do momento em que recebo o paciente na sala de espera, toda minha sensibilidade fica despertada, seja minha sensibilidade visual, auditiva, olfativa, até mesmo tátil, quando, por exemplo, aperto sua mão e a sinto fria, mole ou úmida. Da mesma forma, presto uma atenção particular aos pacotes e objetos que, às vezes, traz consigo; ou ainda, reparo no hálito alcoolizado de um outro, a despeito dos chicletes de menta que mascou para camuflá-lo. Quando se trata de uma criança sentada à mesa de jogos, ou de um adulto cara a cara, fico atento às expressões distraídas do rosto e às mensagens sutis dos olhos. Em suma, um psicanalista não escuta exclusivamente com seus ouvidos, sendo receptivo a todos os sinais pelos quais um ser comunica sua vida.

No entanto, focalizar nossa sensibilidade na pessoa do paciente não basta para compreender seu sofrimento e dele livrá-lo. É preciso também experimentar em nós esse sofrimento, isto é, senti-lo vividamente, e isto sem ficar perturbado. É a única forma de o terapeuta conhecê-lo verdadeiramente e tratá-lo de maneira eficaz. Dito isto, ele não pode se deixar invadir por uma emoção grande demais ou sucumbir à compaixão. Isso seria um enorme obstáculo à compreensão da situação. Ao longo dos anos, o analista aprendeu a controlar sua empatia e a não se deixar desestabilizar. Decerto ele continua humano e caloroso, mas de modo algum compadecido.

▸ *Mas por que não se compadecer?*

Porque o paciente não demanda que nos apiedemos de sua sorte, mas que o ajudemos a compreender suas angústias e sobretudo a se livrar delas. Se cedêssemos à compaixão, estaríamos longe do estado de atenção e lucidez indispensável para descobrir a origem dos distúrbios. Temos de escolher: ou bem nos compadecemos e, como faríamos com um amigo, partilhamos sua dor; ou bem, sem excluir a simpatia, mobilizamos nossos esforços para descobrir, por trás das manifestações do paciente, a verdadeira causa de sua doença. Causa que, o mais das vezes, é um choque emocional ocorrido na infância.

Eu dizia então que, para livrar o analisando de seu sofrimento, é preciso compreender o sofrimento e, para compreendê-lo, é preciso experimentá-lo, quer dizer, senti-lo em si e isso, sem se deixar afetar. Ora, para ser preciso, não se trata de sentir o sofrimento atual que leva o paciente ao consultório, mas a antiga dor de seu trauma infantil: *sentir em si o que o outro esqueceu*. Toda a nossa dificuldade de psicanalista depende do êxito dessa operação mental: sentir em si todas as primeiras emoções dolorosas vividas outrora pelo outro que atualmente as esqueceu; não se deixar perturbar; imaginar uma cena com personagens que sentiriam tais emoções; e fazer o paciente viver a intensidade de tal cena descrevendo-a para ele em termos significativos. É um delicado exercício de percepção psicanalítica que leva o analista a reviver em si próprio as emoções esquecidas do analisando e transmiti-las a ele. Estou convencido de que só conseguimos conhecer bem um paciente conhecendo-o em nós mesmos, no mais profundo de nós mesmos.

Mas gostaria de ser mais concreto. Quando, depois de vários meses de análise, em um momento agudo de uma sessão, escuto o paciente exprimir o seu mal-estar, faço um esforço para imaginá-lo criança ou adolescente em uma cena de conflito marcante de sua história. Saiba que *toda pessoa que sofre encerra uma criança desamparada, ferida, que busca em vão dizer a sua dor*. Pois bem, é justamente essa criança em sofrimento, impotente, quase sem palavras, que tento representar mentalmente para mim. Sinto então não o que sente o adulto que me fala, mas o que sentiria o garotinho ou a garotinha do drama infantil ao qual dou vida. Caso, durante o tratamento, a cena imaginada não se confirme como mero devaneio de minha parte, e, ao comunicá-la ao analisando, este se veja aliviado de sua angústia, terei a certeza de ter extraído finalmente um dos conflitos principais na origem dos sintomas.

Penso aqui em Lea,* uma mulher jovem que veio me consultar em função de uma grave fobia da rua que a condenava a se enclausurar em seu apartamento. Deslocava-se o mínimo possível e era sempre acompanhada por um amigo quando se dirigia ao meu consultório. Depois de um ano de análise, ocorreram diversas sessões decisivas, entre as quais uma em que vimos o nó sufocante de sua fobia se afrouxar. Enquanto ela me contava chorando a traição de sua melhor amiga, me lembrei de uma cena dramática de sua infância. No dia em que fazia cinco anos, seu pai a acordara para lhe anunciar, desvairado, a inexplicável partida de sua mãe para um país distante. Um ano mais tarde ela ficou sabendo que na verdade sua mãe morrera num trágico acidente de carro. Devo esclarecer que Lea já me pusera ao par desse acontecimento dilacerante, mas num tom frio e distante, como se lhe fosse indiferente. Ora, foi ao escutar sua queixa pelo abandono de sua maior amiga que visualizei a cena do outro abandono, o de sua mãe.

Ao me lembrar daquele acontecimento, senti o que devia sentir uma garotinha aterrada pelo anúncio desajeitado de um pai sob o golpe de um luto repentino. Senti lucidamente, no momento da sessão, o que Lea tinha experimentado confusamente vinte anos mais cedo: um terrível sentimento de abandono e de glacial solidão.

---

* Devo lembrar que o relato de uma história, por mais fiel, é sempre uma ficção, a ficção daquele que escreve. Esta observação vale para Lea e todos os outros casos que evocarei neste livro.

Com um tato infinito, descrevi-lhe então a cena traumática e evoquei o desespero que a prostrou. Depois da minha intervenção, Lea ficou transtornada como se revivesse no presente a perturbação de uma separação cuja dor ela havia recalcado. Nos meses que se seguiram a essa sessão de revivescência, tivemos a satisfação de ver pouco a pouco suas angústias fóbicas desaparecerem.

Gostaria de acrescentar algumas palavras com respeito às fobias para apontar uma particularidade que se verifica invariavelmente em diversos pacientes e que formularei sob a forma de uma pergunta. Na presença de um analisando fóbico, é preciso sempre se perguntar: "Que trauma, que separação violenta, que perda, mais exatamente, que abandono — real ou imaginário — ele sofreu entre três e seis anos, por parte de um ou outro de seus pais?" De fato, sabemos que o medo fóbico é uma angústia provocada pela perda precoce, brutal e não simbolizada de um ser querido. Destaco que essa perda pode ter acontecido objetivamente na realidade ou "na cabeça" da criança. Real ou imaginária, a perda não deixa de ser dolorosa. Tendo sofrido em sua infância, o fóbico vive em estado de alerta, na angústia permanente de uma nova separação. Mas logo esclareço que o sujeito não está consciente de tal ameaça, nem mesmo preocupado com a idéia de um novo abandono. Não, o que ele teme é um perigo externo como poderiam ser a rua, a ponte, o avião etc., perigos que, segundo ele, não têm relação alguma com o trauma da infância. Lea, por exemplo, paralisada pela fobia dos espaços abertos, ignora o quanto sua angústia foi provocada pela súbita "partida" de sua mãe. Ora, a partir do momento em que a levei a reviver a cena do abandono, e isso, graças à minha própria revivescência, seu medo da rua se atenuou. Por quê? Porque todo trauma infantil, revivido, verbalizado e significado na atualidade da terapia, perde sua virulência. Enquanto fica esquecido, o trauma é nocivo; a partir do momento em que reflui para a consciência, torna-se inofensivo.

O exemplo de Lea mostra como revivi em mim mesmo e fiz reviver à paciente a emoção de um abandono esquecido.

➤ *Quer dizer, o psicanalista trabalha tanto com o coração como com a razão!*

Mais do que com o coração, eu diria com o inconsciente. Ao escutar o analisando e me concentrar até reviver sua emoção recalcada, invisto intencionalmente meu próprio inconsciente. O inconsciente do analista é seu mais precioso instrumento de trabalho. Para um profissional, agir com seu inconsciente significa, como você viu, deixar ressoar em si as mais finas vibrações do inconsciente do paciente. Essa imersão em si para ir ao encontro das emoções submersas do outro freqüentemente me faz pensar nos mergulhadores do filme de Luc Besson, *Le Grand Bleu*. Na mais viva acuidade da escuta, também tenho a impressão de mergulhar sem respirar e conhecer a embriaguez das profundezas abissais. Tento então desentocar no fundo de mim mesmo as cenas conflituosas do analisando, para depois voltar à superfície e lhe dizer, chegado o momento, com palavras simples e expressivas o que percebi. Eis a intervenção mais decisiva do psicanalista, a qual, é preciso assinalar, não se repete em todas as sessões. É um ato psíquico muito exigente, mas indispensável para conhecer em si a origem do sofrimento do outro e lhe revelá-la. Acrescento que o êxito dessa descida interior exige um conhecimento detalhado da história do paciente, uma inteira disponibilidade, uma longa formação de clínico e, sobretudo, uma análise pessoal terminada.

A propósito de mergulho mental, tenho sempre presente no espírito uma frase pouco conhecida de Freud que, a meu ver, define perfeitamente o uso que o analista faz de seu inconsciente. Ele escreve o seguinte: "O psicanalista capta o inconsciente do analisando com seu próprio inconsciente." Em outras palavras, quando o psicanalista mergulha em si mesmo, ele se serve de seu inconsciente como de um órgão receptor destinado a captar os sentimentos inconscientes do paciente. Esse engajamento de uma parte de si é a mais autêntica atitude de um clínico que, embora permanecendo ele próprio, dispõe seu inconsciente como uma tela na qual se projetam cenas traumáticas infantis. Assim, no momento mais agudo da escuta, quando o analista utiliza seu *inconsciente instrumental*, ele se dissocia entre aquele que controla a situação e aquele que, simultaneamente mergulha em si mesmo. Falando dessa maneira, imagino o quanto deve ser difícil para você conceber tal desdobramento. É uma experiência que é preciso viver para compreendê-la de fato: sentir-se totalmente lúcido e, ao mesmo tempo, operar um salto em seu inconsciente.

▸ *Que diferença o senhor faz entre a técnica da psicanálise tal como a descreve e a da psicoterapia?*

Existe uma grande distância entre os dois métodos. A escuta do psicoterapeuta consiste em desenredar um conflito relacional balizando os acontecimentos da vida passada e atual que o provocaram. É um trabalho de esclarecimento benéfico que permite ao paciente compreender a significação de seus conflitos e a razão de sua repetição. A escuta do psicanalista é bem diferente. Não se trata apenas de levar o paciente a compreender o encadeamento das situações que resultam no conflito, mas de incitá-lo a *reviver* — como acabo de lhe mostrar — o choque emocional gerador de seu sofrimento atual. Isto posto, essas duas técnicas, a despeito de suas diferenças, podem ser exercidas pelo mesmo clínico ao longo do tratamento. Um psicanalista pode legitimamente agir inicialmente como psicoterapeuta, para depois tentar, se o estado do paciente exigir, operar a técnica da psicanálise de que lhe falei, isto é, utilizar seu inconsciente para captar o inconsciente do analisando.

▸ *Quais as vantagens de uma técnica em relação à outra?*

Ao passo que a psicoterapia é uma escuta capaz de suspender provisoriamente o sintoma, a psicanálise pode não apenas obter a mesma melhora, mas sobretudo modificar a personalidade do analisando levando-o a modificar sua atitude com respeito a seu sofrimento. Quando uma análise é eficaz, ela leva o paciente a mudar a visão que tinha de si mesmo doente. Ela lhe ensina a flexibilidade de voltar a si, de aí se descobrir estranho a si próprio, de se ver de forma diferente e de sentir seu mal-estar de outra maneira. "O verdadeiro lugar de nascimento — escreve Marguerite Yourcenar — é aquele para o qual voltamos pela primeira vez um olhar inteligente sobre nós próprios."

▸ *O senhor fala em "modificar a personalidade", mas isso não representa um risco de desestruturar o paciente?*

Vou responder citando as palavras de um paciente que me escreveu recentemente logo depois de uma sessão. Ele me dizia: "No trabalho que o senhor faz comigo, o senhor não destrói, não conserta, não substitui, não acrescenta; o senhor reforça o que já existe." De fato, o princípio que me guia se resume nestes termos: o paciente, livre de seus conflitos nocivos deve se reconciliar consigo mesmo, se redescobrir em si mesmo, a partir do que tem e do que é. Meu objetivo não é mudar sua personalidade, mas enriquecê-la com o que ela já traz em si em estado embrionário e, se possível, ensiná-lo a se amar de maneira diferente. Se, por exemplo, um artista, por ocasião da primeira entrevista e independentemente do motivo que o levou a me consultar, me dá ciência de seu medo de ver sua inspiração secar ao longo do tratamento, tranqüilizo-o imediatamente declarando que não retirarei nem acrescentarei nada ao que ele é, mas, ao contrário, tentarei estimular nele toda sua potencialidade criadora.

Joel, ou meu medo de descobrir uma psicose

▸ *Como definir a saúde mental? Em que situação o senhor diria que uma pessoa é psicologicamente saudável?*

Sua pergunta sempre provocou inúmeros debates e elaborações no seio da comunidade dos profissionais da saúde mental. Portanto, proporei apenas uma resposta pontual.

A meus olhos, a saúde mental é *o estado de uma pessoa capaz de conhecer seus limites e amá-los*. Ser psiquicamente saudável significa viver relativamente feliz consigo mesmo apesar das inevitáveis provas, experiências e restrições que a vida nos impõe. Em suma, o equilíbrio mental é reconhecível na medida em que mantemos a satisfação de agir tendo também a faculdade de acolher o inesperado e a ele nos adaptar.

▸ *E o que pensar da loucura? Acredita que os recentes progressos neurocientíficos anunciem uma vitória decisiva sobre a doença mental?*

Não vamos nos precipitar! Não esqueçamos que as pesquisas atuais no domínio da saúde mental infelizmente estão bem atrasadas em relação à pesquisa médica em geral. Você sabe, a psiquiatria e a psicologia são ciências relativamente jovens. A matemática remonta à Antigüidade grega; a física já tem mais de cem anos de existência; a química surgiu no século XVIII; a biologia é quase tão antiga; mas a psiquiatria moderna e a psicologia datam somente do início do século XIX. Lembre-se de que a loucura nem sempre foi sinônimo de doença mental. Foi só no Renascimento que os loucos deixaram de ser possuídos pelo demônio para se tornarem doentes dignos de cuidados e que o exorcismo cedeu lugar ao tratamento médico, mesmo o mais primário. O Renascimento era a época em que os curandeiros praticavam aquela singular escroqueria conhecida como "pedra de cabeça". Penso numa célebre gravura flamenga onde se vê em ação um charlatão que, depois de ter raspado os cabelos de um demente e feito uma incisão na pele de seu crânio, arranca dele triunfalmente uma pedra sanguinolenta e lhe mostra; pedra que certamente tinha dissimulado em seu bolso. Existe no museu do Prado um quadro de Hieronymus Bosch igualmente notável, representando uma cena semelhante, intitulado *Extração da pedra da loucura*.

Não, não somos nem oniscientes nem infalíveis! Nosso conhecimento atual da vida psíquica continua bastante incompleto. Apesar das contribuições decisivas da psicanálise e das neurociências, continuamos ignorando as verdadeiras causas das doenças mentais. Trabalhamos com hipóteses perfeitamente fundamentadas, sofisticamos imensamente a maneira de cuidar de nossos pacientes, e sobretudo dispomos de inúmeros remédios eficazes, mas — e isso é totalmente desconhecido do grande público — nem sempre sabemos como nasce e se desenvolve uma esquizofrenia, uma psicose maníaco-depressiva ou um delírio. Digo sem rodeios: ignoramos quais são os processos geradores da doença mental e, *a fortiori*, o mecanismo de ação de nossos medicamentos. Prescrevemos neurolépticos cada vez mais eficazes, capazes de reduzir um delírio ou livrar o esquizofrênico de uma alucinação insuportável, e no entanto não sabemos por quais encadeamentos neuroquímicos tal molécula consegue fazer desaparecer tal sintoma. Além disso, não esqueçamos que no momento em que falo com você não existe nenhum psicotrópico que cure verdadeiramente. Todos os nossos medicamentos têm uma ação paliativa, jamais uma ação terapêutica. Podem suprimir o sintoma, mas não suprimirão sua causa.

Esse limite ao nosso conhecimento nos torna desesperadamente impotentes diante das situações extremas vividas por nossos pacientes. Vi famílias mergulhadas anos a fio em um drama sem saída porque seu filho ou sua filha havia naufragado na esquizofrenia e oscilava entre melhora e recaída, errando de hospitalização em hospitalização. Esses mesmos pais, que, no início da doença de seu filho, lutavam como leões para que ele se curasse, eu os encontrei, alguns anos mais tarde, esgotados, totalmente aflitos, me confessando seu desejo patético de ver o filho se suicidar para ficarem enfim livres da loucura que os ameaçava também.

No entanto, devo esclarecer que atualmente, à parte esses casos extremos, conseguimos, graças à colocação em prática de estratégias terapêuticas polivalentes, reduzir o número de recaídas, encurtar a duração da internação hospitalar e favorecer uma reabilitação que torna os pacientes mais autônomos e mais bem integrados no espaço social.

▸ *Porém, enquanto psicanalista, como o senhor aborda a doença mental?*

À guisa de resposta, vou lhe contar uma experiência clínica tirada de minha prática. Há algum tempo, recebo Joel, um garoto de dezessete anos acompanhado dos pais. Como de hábito, peço ao pai e à mãe que fiquem na sala de espera enquanto converso primeiro com seu filho sozinho. Aluno do último ano do colegial, ele me explica que não consegue mais ir à escola por causa da angústia que o paralisa. Freqüentemente, ao chegar nos arredores do estabelecimento, sente que vai desmaiar, é presa de pânico e se afasta o mais rápido possível.

Joel é um garoto particularmente comunicativo, bastante atlético, que adora tênis. Uma certa doçura e um grande sofrimento que transparecem em seu rosto despertam imediatamente a simpatia e a vontade de ajudá-lo.

Por meio desse caso, gostaria de fazer com que você compreendesse meu problema, pois, diante de um paciente como Joel, temo sempre detectar uma rachadura psíquica irreparável. Diante desse garoto de olhar tocante, sou tomado pelo receio secreto de descobrir nele o monstro da loucura. Por ocasião do primeiro encontro devo imperativamente saber se seu ser íntimo foi quebrado ou se se manteve intacto. Veja, para mim, psicanalista, os pacientes que têm problemas mentais se dividem esquematicamente em duas grandes categorias. Os que sofrem porque uma engrenagem interna se rompeu — penso nos psicóticos —; o mecanismo da ruptura foi designado por Lacan como "*foraclusão*". E aqueles que sofrem quando nada de essencial foi atingido — penso nos neuróticos —; o mecanismo aqui é o *recalcamento*. Eis por que, na presença de Joel, fico profundamente embaraçado ante a idéia de rastrear, por trás dos sintomas da fobia escolar, uma psicose larvada.

Sinto o mesmo mal-estar que o oncologista escrupuloso que, ao examinar com cuidado seu paciente, busca o tumor esperando nunca encontrá-lo. Esta é exatamente a atitude que adoto: mobilizo todo meu conhecimento de psicanalista para descobrir uma falha que, com todas as minhas forças, não gostaria de ver aparecer: a fratura psíquica. Descobrir tal fratura nesse rapaz, isto é, descobrir que sofre de uma esquizofrenia nascente, significa para ele e os seus o início de um drama que talvez dure por toda uma vida, uma vida de mártir. Devo lhe dizer que, com Joel, fiquei aliviado ao constatar que sofria não de uma psicose irreversível, mas de uma fobia, mesmo que séria.

Agora, se você me pergunta: "Mas como o senhor soube que se tratava de uma neurose fóbica e não de uma psicose latente?", diria que soube isso ao fazer a Joel certas perguntas simples mas precisas. Quando lhe perguntei por exemplo:

— *Quando você estuda, consegue se concentrar?*, ele me afirmou:

— *Consigo, não tem problema, mas algumas vezes fico me arrastando.*

Então, insisti:

— *Mas nas vezes em que não avança e em que deve fazer um esforço para compreender o que está lendo, você sente uma dor na cabeça? Você tem dor na nuca ou no alto das costas?*

Nesse caso, ele diz:

— *Não, não.*

Ao ouvir esse desmentido, me tranqüilizei. Se, em contrapartida, Joel me houvesse respondido que tinha de se forçar para se concentrar a ponto de sentir dor de cabeça, ao mesmo tempo me mostrando o local de sua dor; pois bem, se esse garoto me tivesse falado assim de seu sofrimento, teria sido para mim a primeira suspeita de uma psicose nascente. Por quê? Porque um dos primeiros sinais evocadores da formação de uma esquizofrenia é a grande dificuldade de se concentrar, acompanhada de uma dor imaginária, alucinada, que o jovem paciente localiza freqüentemente ao nível da nuca ou no alto das costas.

Para afugentar minhas dúvidas, também lhe perguntei:

— *Quando você se olha no espelho, tem às vezes a impressão de que seu corpo se modificou, que seu rosto não é mais o seu, ou que seu nariz está deformado?*

— *Não, não!*

— *E suas mãos? Já lhe aconteceu sentir que suas mãos mudaram?*

— *Não*, ele me garantiu também. Se, ao contrário, me tivesse dito: "Sim, algumas vezes olho minha mão e a sinto diferente, como estranha a mim", isso teria sido o indício de um esboço de despersonalização, primeiro passo rumo a um diagnóstico de esquizofrenia embrionária.

Se Joel tivesse respondido dessa maneira, teria que me dirigir a seus pais e lhes dizer com tato o quanto o estado de seu filho necessitaria de uma atenção redobrada e que me seria preciso toda a sua colaboração para ser bem-sucedido no tratamento. A participação dos pais é de fato indispensável para o tratamento dos jovens pacientes psicóticos.

Aí está. Dei a você um apanhado de minha maneira de descobrir uma psicose. Mas certamente você pode imaginar que, na prática cotidiana, não estabeleço um diagnóstico tão delicado senão depois de várias entrevistas.

Você me perguntou o papel desempenhado pela psicanálise no tratamento dos sofrimentos psíquicos. Isso depende do distúrbio mental que é preciso tratar. Lembre-se da distinção que propus entre dois tipos de sofrimento: um no qual o aparelho psíquico foi desorganizado mas preservado (neurose), o outro no qual foi danificado (psicose). Pois bem, a psicanálise é certamente o tratamento mais eficaz quando o funcionamento psíquico permaneceu intacto; mas quando a alma se rachou, o tratamento analítico necessita o complemento de um tratamento medicamentoso e às vezes de uma responsabilização institucional. É assim que a ação combinada da psicanálise individual e familiar, da medicação e da hospitalização, se impõe como a melhor estratégia terapêutica para esses pacientes jovens ou adultos que sofreram uma dolorosa fratura psíquica.

Como escolher o seu analista?

► *O público faz muitas vezes confusão entre os diferentes "psi". Como distinguir um psicólogo, um psiquiatra e um psicanalista?*

É verdade que para o leigo a distinção entre esses três profissionais nem sempre é fácil. Eu lhe diria que o psicólogo é um universitário que obteve um diploma de psicologia. Ele pode atuar em numerosos setores, como a escola, a empresa, o hospital público ou psiquiátrico, a prisão, a maternidade, a creche etc... Pode também receber pacientes em seu consultório e praticar tratamentos seguindo diferentes métodos terapêuticos, entre eles a psicanálise.

Já o psiquiatra é um médico especialista que cuida dos pacientes psicóticos, depressivos ou neuróticos, no âmbito institucional ou liberal. Pode receitar remédios ou escolher o tratamento pela fala segundo os princípios da psicoterapia ou da psicanálise. Acrescentaria que outras pessoas que seguiram inicialmente estudos superiores sem relação com a psicologia podem depois se formar na psicanálise e conduzir tratamentos analíticos.

Mas tanto faz: sejam psicólogos, psiquiatras ou clínicos oriundos de outros horizontes, eles somente podem exercer a psicanálise sob as seguintes condições: ter concluído uma análise pessoal, ter estudado longamente os textos fundadores da psicanálise e referir sua prática a um colega veterano que controla e garante a qualidade do trabalho com os pacientes. Observe a propósito que o psicanalista é um dos raros profissionais que, durante os dez, diria até os vinte primeiros anos de sua atividade, apresenta semanalmente a um supervisor um relatório detalhado das análises que dirige. Em suma, a psicanálise é uma prática terapêutica que pode ser exercida por um psicólogo, um psiquiatra ou qualquer outro profissional que satisfaça a essas três condições.

Acabo de dizer que a psicanálise é uma prática terapêutica, mas, atenção, ela não é por isso uma disciplina médica. O psicanalista é certamente um clínico atento aos sintomas psicológicos, até mesmo somáticos, quando estes exprimem um conflito pulsional, porque ele sabe o quanto o corpo é um notável ressonador do inconsciente, mas não age como médico. Não prescreve psicotrópicos, embora conheça suas indicações. Seu conhecimento dos medicamentos — mesmo parcial — lhe permite falar uma linguagem comum com outros profissionais da saúde quando, por exemplo, está acompanhando o tratamento de um analisando que deve ser hospitalizado. Insisto, a psicanálise não pertence ao domínio da medicina, mas o número significativo de pacientes que atualmente vem nos procurar mesmo seguindo um tratamento medicamentoso nos obriga a nos manter informados sobre as últimas pesquisas psicofarmacológicas.

Ora, para além de sua ação terapêutica, a psicanálise sempre foi atravessada por múltiplas correntes culturais e sociais, e, inversamente, há cem anos não cessa de influenciar os diversos círculos da arte, da literatura, da filosofia e da sociologia. Ela definitivamente marcou o setor da educação ao permitir um melhor conhecimento da psicologia da criança, e contribuiu ativamente para o desaparecimento dos asilos psiquiátricos, reconhecendo ao doente seu status de pessoa.

▸ *Mas qual é o traço comum a todas essas faces da psicanálise?*

Respondo a você sem hesitar: o inconsciente. Enquanto houver homens, haverá o inconsciente. Por quê? O que é o humano? A singularidade do ser humano não está em que fale, pense e ria, mas em que seja impotente para dominar as forças às vezes benéficas, às vezes nocivas que agem nele. Ora, essas forças que nos escapam e que ultrapassam o nosso querer e nosso saber conscientes levam o nome de inconsciente.

Pois bem, a tarefa da psicanálise é se ocupar do inconsciente quando o inconsciente nos faz sofrer, isto é, quando a defasagem entre o que somos e o que nos escapa nos torna infelizes.

▸ *O senhor evocou a formidável abrangência da psicanálise, mas e a respeito de seus limites?*

Lembro a você antes de tudo que Freud definia a psicanálise como um procedimento de investigação da vida psíquica, um método terapêutico e a teoria que dele decorre. Dessas três facetas, é sobretudo o aspecto terapêutico que revela melhor os sucessos e os limites da psicanálise. Tenho a satisfação, assim como muitos colegas, de ter tratado muitos pacientes cujos problemas freqüentemente graves findaram em definitivo. Quantas cartas já não recebi de antigos analisandos me anunciando o casamento que parecia impensável, o nascimento do filho tão desejado, e diversos outros testemunhos da eficácia do tratamento psicanalítico! Incontestavelmente, a psicanálise é um excelente recurso para apaziguar o sofrimento, mas, como toda técnica, é coercitiva para quem a ela se submete.

▸ *Que coerções?*

Coerções que suscitam freqüentemente três grandes críticas: "A psicanálise é um tratamento *longo, caro e doloroso.*" De fato, um tratamento analítico pode durar vários anos, mas isso depende da relação do terapeuta com seu analisando. Pessoalmente, pratico tratamentos de adultos que podem durar de dois a três anos. Quando os pacientes se consultam em dupla por problemas de vida comum, fixo previamente um calendário de sessões divididas por um período de cerca de seis meses. Caso se trate de uma criança, prefiro limitar ao máximo o número de entrevistas e evitar assim que o pequeno paciente se instale em uma dependência excessiva que viria substituir a necessária dependência familiar. A análise de uma criança — quando indicada — dura em média entre seis meses e dois anos, segundo a gravidade dos sintomas.

A segunda recriminação contra a análise diz respeito a seu custo. A esse respeito, sei que empreender um tratamento exige um esforço financeiro significativo. Embora nossos honorários sejam freqüentemente adaptados às possibilidades do paciente, não deixa de ser verdade que o orçamento dedicado a um tratamento de duas sessões por semana é às vezes caro. Mas tal despesa conta relativamente pouco em relação às recompensas vitais pelas quais se investe em uma terapia: condutas de fracasso, distúrbios sexuais, crise do casal, relações dramáticas com um filho, depressão etc... É preciso compreender que a análise é certas vezes o derradeiro recurso de um sujeito desesperado e que o desfecho do tratamento se torna para ele uma aposta crucial. Além disso, não esqueçamos que pessoas sem recursos podem usufruir de um tratamento psicanalítico no âmbito de uma entidade beneficente ou de diversas instituições abertas.

Finalmente, a última crítica incide sobre o caráter doloroso do tratamento. Não há dúvida de que o analisando atravessa períodos de intensa emoção e de que pode ocasionalmente deixar nosso consultório transtornado. Indiscutivelmente, a análise comporta fases de revivescência às vezes dolorosas, mas, pense bem, ninguém suportaria um tratamento em que todas as sessões fossem penosas. Digamos também que dividimos com o paciente momentos felizes, quando acontece às vezes de rirmos juntos, momentos durante os quais ele mostra prazer em reconstruir sua história, em avaliar os progressos realizados e se projetar no futuro.

▸ *Se o vínculo entre paciente e terapeuta é tão forte e íntimo, a escolha do analista se torna primordial. Portanto, que conselhos daria para se encontrar o endereço certo?*

Esta é uma pergunta que me fazem com freqüência. Quando se avalia a intensidade do compromisso que significa uma análise, é preciso de fato dispensar o maior cuidado à escolha do clínico. Como proceder então para eleger o terapeuta que melhor nos convirá?

Comecemos por dizer o que não é preciso fazer, a saber: orientar sua escolha por referência às diferentes escolas psicanalíticas. Em todos os grupos existem bons e maus profissionais. Posso ser crítico em relação a uma corrente e no entanto nela reconhecer a presença de clínicos de valor. A meu ver, as qualidades pessoais do terapeuta são infinitamente mais importantes do que a escola a que pertence.

Depois dessa ressalva, qual é então o melhor critério para escolher um psicanalista? Eu diria que o caminho a seguir é muito simplesmente ir consultar o analista que lhe foi recomendado e — o que é capital — avaliar sobre si os efeitos desse primeiríssimo encontro. Talvez seja necessário consultar dois ou três terapeutas antes de tomar uma decisão, mas não mais; é preciso evitar fazer como alguns que vêem até oito profissionais! Isso é muito prejudicial, pois na terceira ou quarta tentativa o paciente se habitua ao relato de sua história, tornando-se insensível. Perde a espontaneidade e a inquietação tão propícias ao êxito da primeira entrevista.

O melhor critério de escolha é portanto a impressão que eu, futuro paciente, tenho ao sair de minha primeira visita a um psicanalista. É preciso que me sinta confortado e confiante, constatando que ele soube encontrar as palavras para me dizer claramente o que eu sentia confusamente. Eis o que determinará a escolha do terapeuta: a secreta convicção de que me compreendeu e que está prestes a me acompanhar; em suma, a sensação de que o clínico que acabo de encontrar me fez bem de cara. Assim, ao sair da primeira consulta, o paciente diz consigo mesmo: "*Já me sinto melhor. Esse analista me devolveu a confiança e insuflou a força de que preciso neste momento.*" O paciente não se diz: "*É ele ou é ela que vou escolher*", mas bem mais simplesmente: "*Tenho vontade de voltar porque sinto que é com ele, ou com ela, que o curso de minha vida vai mudar.*"

Ora, para favorecer esse estado de confiança, é preferível que o terapeuta intervenha nos últimos minutos da sessão inicial. Com este intuito, aconselho sempre meus alunos a concluir a primeira entrevista comunicando ao paciente o sentido profundo do que foi escutado. É indispensável, antes do final da primeira sessão, reformular em termos diferentes o essencial da queixa que se acaba de ouvir. Na verdade, devemos mostrar ao paciente que sua maneira de interpretar seu sofrimento talvez não seja a mais adequada e que existe outra abordagem possível. Esta palavra final do analista é a meu ver a melhor maneira de acolher aquele que se consulta, e com isso, de iniciar uma relação transferencial fecunda.

Resumindo, o melhor critério para encontrar seu psicanalista é sentir desde o primeiro contato o desejo confiante de renascer.

► *Mas a psicanálise é um método válido para todos? Quem é analisável e quem não é? E por quê?*

O tema que você levanta, o da "analisabilidade", apaixonou por diversas ocasiões a comunidade analítica. Hoje, eu lhe direi o essencial de minha posição. Antes de tudo, saiba que psicanálise não é um método aplicável a todos; em outras palavras, nem todo mundo é analisável. Quais são então as condições de analisabilidade, quero dizer, qual é o perfil da pessoa suscetível de se beneficiar do tratamento analítico? Pois bem, para ser analisável diversas condições são necessárias. Em primeiro lugar, o homem, a mulher ou a criança que se consulta deve ser um sujeito que sofra para além do suportável, e se queixe. A queixa é de capital importância. Depois, é alguém que se pergunta por que está atormentado a esse ponto. Isso parece elementar, mas é decisivo. Ser analisável significa se interrogar: "*Por que eu sofro? Por que ando tão mal?*" E tentar trazer para si mesmo uma resposta. A terceira condição é justamente essa tentativa de explicar seu mal-estar.

Sofrer, interrogar-se sobre a causa de seu sofrimento, e tentar responder a isso, eis as condições indispensáveis para se engajar numa análise. Mas outras condições são ainda necessárias. É preciso também que aquele que se consulte acredite que o analista detém a chave de seu problema. Essa crença é fundamental, pois é sinônimo de esperança e, como sabemos, a esperança é umas das forças que darão vida ao tratamento até o apaziguamento da dor. De um ponto de vista teórico, Lacan sintetizou essa confiança depositada na análise e no analista numa fórmula eloqüente: "sujeito-suposto-saber". Expressão que traduzimos aqui por: "analista-suposto-saber", isto é, um analista que acreditamos suficientemente competente para nos ajudar a encontrar uma saída. O paciente espera sua cura de um analista a quem atribui o poder de a ela conduzi-lo. Esperar já é acreditar num final feliz. Tudo reside nisto: acreditar que o terapeuta saberá responder. Veja, é somente a partir da promessa de minha cura — promessa que de fato o analista nunca formulou, mas que imagino ser a sua — que ele poderá dar partida ao tratamento.

A última condição de analisabilidade talvez o espante: trata-se da angústia. Com efeito, mesmo parecendo curioso, é preciso que aquele que consulta hesite em se confiar a alguém e tema se engajar na análise. Sim, é preciso a angústia e o medo de se entregar. De outra forma a ação analítica não tem nenhuma chance de ser eficaz.

Explico-me tomando o exemplo de uma primeira entrevista em que justamente esse medo não compareceu. Não faz muito tempo recebi um conhecido homem de negócios, quarentão, vestido com apuro, que chegou ao meu consultório numa limusine dirigida por um chofer. Mal sentou na sala de espera, com a maior desfaçatez, começou a falar ruidosamente no celular. Assim que adentrou, com um passo decidido, o meu escritório, instalou-se na poltrona com a desenvoltura algo arrogante daquele que nada teme. Num tom de igual para igual, como se se tratasse de um negócio, esse paciente solicitou conselhos práticos. As primeiras palavras que então lhe dirigi tiveram como objetivo reinseri-lo no contexto de nossa relação e pedir que não utilizasse seu telefone na sala de espera: "Da próxima vez, quando estiver esperando, prefiro que o senhor se sente e se recolha. Ao cruzar a porta de entrada, peço-lhe que viva este lugar como o lugar de seu tempo interior, como se atravessasse o umbral não de um consultório, mas de um sonho. Como se o senhor sonhasse. Imagine que é o momento em que o senhor está se deitando e as luzes se apagando. Pois bem, é esse instante, esse tempo ínfimo da passagem da vigília para o sono, que eu gostaria de fazê-lo reviver aqui. Portanto, ao chegar da próxima vez, instale-se tranqüilamente na sala de espera e tente se recolher." Naturalmente, formulei estas observações num tom cordial e respeitoso, e ele as recebeu bem porque, visivelmente, era desse ato de autoridade que estava à procura. Ao vir me ver, ele esperava, sem o saber, que alguém falasse à criança que existe nele, e isso para além de qualquer relação de civilidade.

Você já compreendeu que a ausência da angústia, quero dizer a atitude desenvolta desse paciente, o tornava a princípio dificilmente analisável. Eis por que lhe propus um calendário limitado de sessões, sem convidá-lo a se deitar no divã. Espero aliás que daqui a alguns encontros ele me pergunte: "Doutor, por que o senhor nunca me pediu para que deitasse no divã?" Irei responder-lhe então que é preciso ter paciência e que a indicação do divã dependerá da evolução de nossas entrevistas. Pois para se deitar é necessária uma certa capacidade de retorno sobre si. É preciso estar pronto a entrar em si mesmo e perceber as pulsações de sua vida interior. Inúmeros são aqueles que não sabem ou não podem se recolher, ficando permanentemente voltados para o exterior. Esse salto para dentro de si é um exercício muito difícil para esses homens ou mulheres de ação, ao passo que outros pacientes, manifestamente mais angustiados, sabem se interrogar melhor. Para esses sujeitos, conscientes de seu mal-estar, o divã permanece seguramente o meio terapêutico mais eficaz.

A propósito das pessoas que se dirigem a um psicanalista, gostaria de lembrar que são em sua maior parte motivadas por seu mal-estar, e não pelo desejo de fazer análise. É um erro acreditar que aqueles que nos consultam demandam explicitamente um tratamento analítico. Estão acima de tudo preocupados em se desfazer de seu mal-estar, e não em saber se o método utilizado se chama psicoterapia ou psicanálise; querem é não sofrer mais. Depois das primeiras entrevistas, cabe ao psicanalista adaptar sua técnica às particularidades de cada paciente.

Gostaria de concluir aqui com uma frase cristalina de Lacan: "O que nos pedem — é preciso designar isso com uma palavra simples — é a felicidade."

Aimance, ou a necessidade de dependência

▸ *Existe uma outra crítica dirigida à psicanálise, a de criar e manter a dependência do paciente.*

Mas uma análise não poderia se desenrolar sem uma relação de dependência! É preciso que o paciente tenha vontade de vir às suas sessões e de entregar sua intimidade ao terapeuta, de outra forma o tratamento não teria nenhuma chance de florescer. Sei que, na opinião comum, dizer de alguém que é dependente tem uma conotação pejorativa, mas em uma relação analítica a dependência do paciente é, ao contrário, positiva, necessária e, diria até, incontornável. Por que incontornável? Porque é impossível para um analisando expor sua parte mais secreta sem se apegar àquele que o escuta. E ele se apega tanto mais vigorosamente quanto o analista é a pessoa que lhe ensina a encontrar o estranho em si mesmo. Quando alguém nos ajuda a voltar a nós mesmos e aí descobrir uma emoção esquecida, é fatal amá-lo. Em suma, se um ser se confia regularmente a um outro, acaba por se apegar a ele. Eis o que eu gostaria que você sentisse: o fenômeno de dependência é indissociável do alto teor afetivo do vínculo psicanalítico.

Acrescentarei no entanto uma observação importante: qualquer dependência afetiva, seja ou não analítica, responde a uma necessidade primária de apego. É verdade, nosso corpo sempre tem fome de um outro corpo e nossa alma, sede de outra alma. Imaturos, todos o fomos e todos passamos pela dependência vital da mãe nutriz. Desde nossa idade mais tenra, somos animados pela imperiosa necessidade de nos apegar a alguém, de nos ligar àqueles — pouco numerosos — aos quais atribuímos a força de uma autoridade protetora. Como se fôssemos sempre movidos por uma saudável pulsão de parasitismo, por uma propensão a nos apoderar de um outro, a lhe conferir um poder tutelar, apegarmo-nos a ele e dele nos servir para exercer nossas faculdades de amar, odiar ou temer. Nossa vida é balizada por esses alguns eleitos — pais, professores, amigos, cônjuge, filhos, ... analista — de quem dependemos porque nos permitem amá-los, odiá-los ou temê-los. A essa força que nos incita a depender de um outro, alvo de nossas emoções, eu chamo: *necessidade de dependência, pulsão de vinculação ou, mais poeticamente,* ***aimance***. Neste termo *aimance*, condenso as palavras "amar" e "tendência" [*aimer* e *tendance*] para designar a força que nos empurra para os braços de nosso parceiro até dependermos dele. Lembro-me agora da confissão espontânea de uma jovem analisanda que exclamava: "*Sinto em mim um excesso de amor que só está pedindo para ser despejado sobre aquele de quem farei meu dono!*"

Quantas vezes já não me aconteceu, ao escutar um paciente por ocasião do primeiro encontro, de avaliar a intensidade de sua *aimance*. Para além de suas palavras, ouvia-o tacitamente me interrogar: "O senhor está disposto a se deixar amar, odiar ou temer? Posso idealizá-lo? Aceita ser incensado um dia e maltratado no seguinte? Está pronto a se imiscuir em minhas fantasias e nelas desempenhar um papel?" Incontestavelmente, aquele que nos solicita está movido por uma insaciável necessidade de encontrar um destinatário sentimental e de a ele se apegar.

Mas disse-lhe também que a dependência afetiva era necessária ao êxito do tratamento, pois torna o paciente mais receptivo às intervenções do clínico. Se o analisando não fosse dependente, quer dizer, se não idealizasse o terapeuta como um irmão mais velho indefectível, não sentiria confiança suficiente para deixar seu inconsciente brotar.

Assim sendo, o fenômeno espontâneo da dependência deve ser controlado pelo analista tanto em sua intensidade quanto em sua duração. Com efeito, se a dependência se tornasse fusional demais ou se o tratamento se eternizasse, eu deduziria disso que o terapeuta não soube dirigir a análise, ou seja, manter uma boa distância em relação a seu analisando a fim de evitar deslizar para uma relação tanto passional quanto interminável. Claro, esses fracassos podem acontecer, mas felizmente, são pouco freqüentes. Afora esses impasses, não resta dúvida de que a dependência do paciente, convenientemente orientada pelo analista, é o pressuposto obrigatório de toda cura.

▸ *Esse apego ao analista é a transferência?*

Exatamente. A transferência designa o conjunto dos afetos ternos e hostis que ligam um paciente a seu terapeuta. Ao longo das sessões, o analisando pode amar seu analista, se sentir protegido por ele, algumas vezes rejeitá-lo, às vezes desejá-lo sexualmente, incluí-lo em suas fantasias ou sonhar com ele, e, ainda outras vezes, pode até mesmo se angustiar, temendo que o terapeuta se aborreça ou o abandone. Todos esses sentimentos exprimem a necessidade de dependência e nascem na esteira de uma fala íntima e regular.

Muitas vezes imaginei que o psicanalista fosse um *atraidor de sentimentos*, uma espécie de "cabide" com rosto humano que convida o paciente a satisfazer sua necessidade de dependência, a nele pendurar suas "roupas afetivas". Outras vezes, veio-me a imagem divertida de que ele era como um "saco de pancadas" com o qual o analisando se exercitaria com golpes repetidos de amor e de ódio. Pois bem, a transferência é isto: apegar-se a um analista que se oferece como alvo do amor e de seus avatares.

▸ *E o profissional suporta isso?*

É este o seu ofício! Na medida em que está bem instalado em sua função de terapeuta, pode receber os golpes sem ficar abalado. Estar bem instalado em sua função é nunca deixar de lembrar que não é amado ou detestado pelo que é, mas pelo que representa. Não é por nossa beleza ou espirituosidade que o paciente nos ama, nem por nossa maldade que nos odeia. É claro que somos sensíveis às manifestações de simpatia e de antipatia, mas sabemos que são inspiradas pelo papel que assumimos, e não por nossa pessoa.

Contudo, reconheço que nem tudo deriva da transferência. As qualidades humanas do analista também contam. De acordo com sua personalidade, certos colegas, por exemplo, induzem mais facilmente uma transferência paterna e outros, uma transferência materna. Alguns são mais inclinados, por sua história individual, a tratar tal tipo de paciente ou tal forma de sofrimento.

▸ *Mas por que essa palavra "transferência"?*

Na linguagem corrente, e penso aqui no título do filme *Transferência mortal*,* essa palavra significa, como acabo de lhe sugerir, *apego profundo a um terapeuta idealizado*. Vou lhe contar de passagem que na história engraçada desse filme, a paciente é assassinada... e paga com sua vida seu amor transferencial!

Mas voltando a sua pergunta, o termo "transferência" tem outra acepção mais técnica. Foi introduzido por Freud para indicar que o amor-ódio de um paciente para com seu terapeuta resulta de um *deslocamento* de sentimentos, do passado para o presente. Os sentimentos permanecem os mesmos, mas se reportam a uma figura da infância sobre a pessoa do terapeuta. Por exemplo, uma analisanda acredita amar seu analista, mas ignora que na realidade ama um personagem antigo que seu analista representa. Você percebe... a analisanda se engana de época: toma o presente pelo passado; e se engana de pessoa: toma o analista por seu pai, seu irmão ou qualquer outra figura de outros tempos. "Transferência" quer então dizer *ilusão*, a ilusão de acreditar que amar seu psicanalista é uma vivência nova, ao passo que, na verdade, é a reaparição de uma primeira vivência esquecida.

---

* Baseado no romance policial homônimo, de Jean-Pierre Gattégno, publicado no Brasil pela Companhia das Letras. (N.T.)

Em suma, a transferência não é portanto apenas a expressão de uma necessidade de dependência, é também o ressurgimento dos sentimentos do passado. O ser humano, animado por sua *aimance*, tem a necessidade premente de se apegar a alguém e de reproduzir com ele uma relação complexa feita de amor, de ódio, de desejos e de medo. Transferir consiste então no seguinte: projetar um amor antigo sobre uma pessoa da qual queremos depender. Assim, a transferência nasce de uma necessidade de dependência duplicada de um retorno do passado.

Dito isto, não acredite que a transferência se manifesta exclusivamente na relação psicanalítica; ela é um fenômeno inerente a toda ligação afetiva.

➤ *O senhor quer dizer que cada vez que amamos ou odiamos, nós transferimos?*

Exatamente! Todos os sentimentos dedicados a nossos próximos, por exemplo, resultam de uma transferência instintiva de nossas emoções infantis e adolescentes. Com isso, coloca-se uma questão: qual a diferença entre a transferência com nossos próximos e a transferência específica com o terapeuta? Para responder, insistirei no caráter espontâneo do fenômeno transferencial: na maior parte de nossas relações afetivas — analíticas ou não —, nós transferimos sem o saber. Assim, quando uma mulher está apaixonada por um homem, não se dá conta de que o ama da mesma maneira, boa ou má, que ela amava... sua própria mãe. Do mesmo modo, quando um paciente se conecta com seu psicanalista, é também inconscientemente que se apega a ele. Mas a diferença entre a transferência ordinária e a analítica consiste no seguinte: nossas transferências ordinárias, nós as vivemos em toda a inocência — e ainda bem que é assim! —, ao passo que a transferência analítica é explicitada pelo terapeuta. Justamente, toda a arte do psicanalista está em desvelar a transferência, mostrando ao analisando que suas reações afetivas em sessão são as réplicas de antigas atitudes infantis.

▸ *Afinal de contas tudo viria do passado e, como se diz, "estaria em jogo" antes da idade de seis anos?*

Esta não é uma boa formulação pois deixa a entender que depois da infância a vida não passaria da repetição mecânica do que foi. Para que serviria uma análise se tudo estivesse determinado assim previamente? Não, os acontecimentos importantes da infância não determinam um homem; apenas infletem seu caminho. Tudo indica que os primeiros anos são os mais decisivos, mas muitos fatos ocorridos na adolescência e na idade adulta podem mudar o curso de uma vida.

Quando digo a você que o trabalho do psicanalista é revelar ao paciente o poder soberano do passado, não acredite que ele está fazendo história. Ele não é historiador. É o imediatismo do presente que o interessa e eis por que interroga o passado, para melhor apreender o presente. Em resumo, o que conta para um psicanalista é assistir "diretamente" a revivescência de uma lembrança essencial. Lembremos o caso de Lea. Seus sintomas recuaram a partir do dia em que reviveu intensamente um abandono que, até então, a deixara impassível. Eis o nosso objetivo: fazer brotar aqui e agora o inconsciente do outro, isto é, reanimar uma cena traumática do passado e conduzir o paciente a revivê-la plenamente. A cena reencontrada será então mais vívida do que a original.

▸ *Atingido esse objetivo, a análise então terminou?*

Globalmente, sim. À medida que o analisando vai vivendo os conflitos do passado, o tratamento, de fato, se encaminha para seu fim. Inclusive, é durante esse período final que o paciente se desvincula do psicanalista ao se dar conta de que não é a pessoa dele que ele ama, mas o papel que lhe atribuiu.

Pode-se portanto resumir a ação do psicanalista em dois tempos. Inicialmente, numa primeira etapa mais ou menos longa, o terapeuta assume o papel de atrator de sentimentos, provoca a transferência e favorece a revivescência dos afetos adormecidos do paciente. Depois, num segundo tempo, perto do fim do tratamento, uma vez realizada a revivescência, desvela a origem da transferência, levando o analisando a se separar dela. Quando eu dizia a você que o terapeuta controlava a dependência, estava pensando justamente em sua aptidão a despertar a transferência para depois dissolvê-la, ou, caso prefira, a manter a dependência para depois suprimi-la.

▸ *Poderia dar um exemplo?*

Penso em uma de minhas analisandas, então bem avançada em seu tratamento, e cujo problema maior era um conflito doloroso com os homens, em particular com seu pai. Um dia em que estava furiosa comigo, como às vezes lhe acontecia, me lembro de lhe ter dito: "*Você está com raiva, exatamente como se sentia, adolescente, contra seu pai. Mas eu não sou seu pai. Você agora deve encontrá-lo em você, confrontar-se à imagem que faz dele e à imagem de você mesma, jovem, em sua presença. Faça-o reviver e reviva com ele seu apego, seu rancor e sua culpa. Se conseguir isso, você se reconciliará com ele, e se sentirá aliviada.*" Logo depois de minha intervenção, a paciente se pôs a chorar e foi tomada de um acesso de raiva e de culpa. Na sessão seguinte, tinha mudado tão explicitamente de atitude a meu respeito que me pareceu pronta a modificar seu comportamento com os homens em geral. A partir dessa sessão, entramos na fase final da análise, caracterizada por um desprendimento interior que a desligava de mim, e pelo encontro feliz com aquele que se tornará seu companheiro.

Por que minha intervenção foi tão eficaz? Ao desvelar a transferência, ou seja, lembrando-lhe que eu não era seu pai, levei a paciente a *recentrar* seu ódio sobre seu verdadeiro objeto — a figura paterna —, a *senti-la* plenamente no fundo de si mesma e a enfim *se livrar dela*. Foi assim que sua cólera deu lugar a uma tristeza serena.

O *amor e o prazer sexual*

A solidão do homossexual, o "amargo deleite" das homossexuais

▸ *O senhor recebe pessoas muito diferentes com motivos de consulta extremamente diversos. Qual é, a seu ver, o principal mal-estar de nossa época?*

Os motivos de consulta não são tão diversos como você pensa. No fundo, limitam-se aos principais capítulos da existência: os distúrbios sexuais, os conflitos familiares e os problemas relacionais no âmbito do trabalho. Se considerarmos os sintomas pelos quais somos solicitados, encontramos antes de tudo os medos dos pacientes fóbicos, o desencorajamento dos deprimidos, as ligações passionais e atormentadas das histéricas e, enfim, os pensamentos torturantes do obsessivo.

Mas quando você me pede que aponte o mal-estar social desse início de século, respondo que é inconstestavelmente a questão preocupante da identidade masculina. De maneira flagrante, o problema maior e que ainda corre o risco de se agravar é a perda progressiva das referências que definem a virilidade. Eis um dos grandes sofrimentos que encontro no cotidiano: muitos homens vêm me consultar por impotência sexual, ejaculação precoce e, mais globalmente, por dificuldades de encontrar seu lugar de parceiro no casal, de pai na família ou de patrão na empresa.

Desde o declínio da autoridade paterna iniciada nos anos setenta até nossos dias, em que assistimos ao nascimento de uma biotecnologia que permite procriar prescindindo do sexo masculino e, simultaneamente, fazer desaparecer a transmissão automática do nome do pai aos filhos, o homem encontra-se dolorosamente desestabilizado em seu ser viril. Não se sente mais pertencente à comunidade masculina e não encontra mais modelo social a que se identificar. Tradicionalmente, na sociedade patriarcal, os homens representavam os valores de autoridade e de combatividade, ao passo que as mulheres encarregavam-se do lar e desempenhavam o papel de mãe e de esposa que apóia e acompanha. Ao adquirir uma legítima autonomia profissional e financeira, as mulheres abalaram irreversivelmente esse esquema e tivemos a obrigação, e temos ainda, de repensar inteiramente a organização social. No momento em estamos falando, somos vários a constatar essas mutações, mas ignoramos totalmente suas conseqüências. O que será amanhã da espécie humana? Os dois sexos continuarão a unificar seu comportamento, o macho se desvirilizando e a fêmea se desfeminilizando? De que formas se revestirá a relação de um homem e de uma mulher nos anos 2090, por exemplo? Mistério! É um enigma perturbador adivinhar que laços inéditos inventarão homens e mulheres para se amar e viver juntos.

Mas afora esses remanejamentos profundos da identidade masculina, o que é certo hoje em dia é o advento de um novo olhar sobre a sexualidade. E minha experiência confirma isso. Por exemplo, quando comecei minha atividade de analista, recebia homossexuais que me pediam para deixarem de sê-lo.

Não esqueço que minha primeira paciente no divã sofria com seu lesbianismo. Nessa época — eu era muito jovem — eu já sabia que transformar um homossexual em heterossexual é inconcebível. É impossível, com efeito, mudar uma identidade sexual afirmada. Ora, em nossos dias, um homossexual não vem mais para "se curar de sua inclinação", mas por motivos completamente diferentes.

Sabemos o quanto a comunidade gay soube se fazer reconhecer e ocupar um lugar não desprezível na paisagem social, em particular por ocasião das campanhas de prevenção contra a aids. Em pouco tempo, em vinte anos de lutas, o movimento homossexual conquistou direitos inimagináveis antes de 1980. Se é verdade que a homofobia continua, é incomparavelmente menos virulenta do que há alguns anos. Provavelmente a representação social da homossexualidade modificou-se radicalmente.

▸ *A homossexualidade não é mais considerada uma doença?*

Não. A homossexualidade não é nem uma perversão nem uma doença, mas uma modalidade própria do amor, uma maneira particular de amar e se sentir amado. Como eu lhe dizia, o homossexual vem nos consultar porque sofre, e sofre de um distúrbio grave, o da solidão. Há algum tempo, recebi Rogério, um rapaz muito culto, alto funcionário de uma grande empresa de administração. Ele me confiou o seguinte: "*Doutor, sou homossexual. Meus pais ignoram, só minha irmã mais velha partilha meu segredo. Me sinto infeliz, pois estou desesperadamente sozinho. Não consigo viver em casal.*" Eis o drama do homossexual de hoje: sua solidão afetiva. Embora integrado socialmente, permanece irremediavelmente solitário. O problema, para ele, não é tanto afirmar sua identidade sexual, mas conseguir o amor de que todos nós precisamos. Sabemos que, se um homossexual quiser satisfazer um desejo puramente físico, pode fazê-lo a qualquer momento. Basta freqüentar os lugares de encontros que ele tão bem conhece — saunas, banheiros de cafés, certos jardins ou cinemas — para encontrar rapidamente um parceiro ocasional e obter um orgasmo masturbatório furtivo. Mas a afeição, a ternura, ligar sua vida à de um companheiro amado, escovar os dentes no mesmo banheiro, fazer compras ou viajar juntos, em suma, viver no dia-a-dia, tudo isto lhe falta, fazendo-o sofrer como se estivesse com uma ferida aberta. Esse contraste doloroso entre uma hiperatividade sexual e a instabilidade dos sentimentos amorosos explica provavelmente a precariedade do casal para os jovens gays. Somente os homens de certa idade se instalam duradouramente em uma vida comum alimentada por trocas e projetos partilhados.

➤ *Mas como a psicanálise explica a homossexualidade em geral?*

Não existe homossexualidade em geral! Atenção, só estou me referindo à homossexualidade masculina; o universo das mulheres lésbicas é de natureza completamente diferente. Para me ater apenas à problemática masculina, direi em primeiro lugar que todos os homens, sem exceção, têm tendências homossexuais e que as brincadeiras sexuais entre garotos, tão freqüentes na puberdade, são comportamentos exploratórios perfeitamente normais. É só quando essas tendências se fixam numa escolha sexual definitiva que podemos falar de homossexualidade. Em geral, essa fixação tem lugar por volta da idade de 18-20 anos.

Aproveito para lembrar que na base somos todos bissexuais! A bissexualidade é uma disposição inata do ser humano, tanto no nível físico como no psíquico. Entretanto, evitemos confundir essa bissexualidade constitutiva com a prática bissexual. Uma coisa é saber que cada um de nós compreende uma parte masculina e uma parte feminina; uma outra, bem diferente, é fazer amor indistintamente com um ou outro sexo. Segundo minha experiência clínica, a atividade bissexual não é o reflexo da bissexualidade natural, mas sim a expressão de uma homossexualidade. Chegaria a afirmar que um homem que tem indiferentemente relações sexuais com parceiros masculinos e femininos permanece no fundo de si mesmo um homossexual; quero dizer que suas pulsões mais enraizadas só se satisfazem verdadeiramente se em contato carnal com um corpo viril.

A esse propósito me lembro de Tiago, que, depois de ter vivido em sua juventude uma paixão homossexual, casou-se com a mulher que amava e se tornou pai extremoso. Entretanto, contra toda a expectativa, a despeito de quinze anos de uma tranqüila heterossexualidade, deixou sua família arrebatado por um irreprimível desejo de viver com um companheiro. No final das contas, as pulsões homossexuais triunfaram sobre o ecletismo bissexual.

Disse a você que a homossexualidade não era nem um vício nem uma perversão e que não poderia ser qualificada de doença. Para nós, o homossexual é antes de tudo um ser profundamente narcísico, quer dizer, apaixonadamente apegado a seu corpo, a sua imagem e ao órgão viril, tanto o seu como o de seu parceiro. Mas, atenção, não veja nesse egocentrismo um amor de si sereno e complacente. Ao contrário, o narcisismo do homossexual o faz sofrer muito. É um narcisismo exacerbado, cruel, que o torna frágil e superemotivo: é às vezes tão seguro de si que se torna intransigente e agressivo; outras vezes, se desvaloriza de tal maneira que naufraga no isolamento e na mágoa.

Assim sendo, como explicar a homossexualidade masculina? A psicanálise considera que a homossexualidade foi provocada por uma interrupção da evolução sexual do menino, devido a um transbordamento de ternura materna que submerge a criança. A ternura excessiva da mãe pelo filho — buscando freqüentemente compensar a ausência do marido — paralisa a criança imatura em um excesso de prazer que ela é obrigada a suportar. É claro que existem ternuras sufocantes, a da mãe do futuro homossexual é um exemplo disso. Mais tarde, o menino, que se tornou um rapaz, fortemente impregnado pelo prazer de outrora, buscará imperiosamente encontrar a mesma volúpia e a mesma felicidade. Tal busca de sensualidade se torna para ele tão onipresente que modela seu corpo e lhe impõe uma maneira de amar.

Mas o que é notável é que o refinamento do homossexual, seus gostos e suas escolhas afetivas são ditados por uma cena imaginária que o habita permanentemente, sem que disso ele se aperceba sempre. Mais do que uma cena de contornos definidos, trata-se de uma imagem fluida, não consciente, incluindo dois personagens principais, ele criança e sua mãe o envolvendo num abraço apertado. Repito que essa fantasia incestuosa, embora inconsciente, decide sobre a orientação sexual do rapaz. Posso conceber o seu espanto: uma cena impressa na infância, e que permaneceu enterrada, é revivida pelo sujeito sem que este o saiba no teatro de sua vida amorosa!

▸ *Mas em que essa cena é uma fantasia homossexual?*

Compreenda primeiro que nessa ficção a mãe desempenha o papel de uma mulher sedutora e o menino, o de uma criança seduzida. Ora, acontece que, sem se dar conta, o homossexual projeta essa fantasia na realidade de seu casal. Desempenha indiferentemente, e faz seu companheiro desempenhar, ambos os papéis, mãe e filho. Se faz o papel da mulher sedutora, seu parceiro terá o da criança seduzida; e vice-versa. A atualização dessa fantasia de sedução incestuosa explica por que certos homossexuais buscam parceiros que se parecem com a criança que eram. Assim, ao amar seu companheiro, o homossexual se ama a si próprio como sua mãe o amou.

Devo ainda esclarecer que a sedutora da fantasia não é a verdadeira mãe do homossexual nem mesmo sua imagem, mas o personagem que ele inventou para si a partir da pessoa real de sua mãe. Trata-se de uma figura ambígua e dominadora, semimaterna, semiviril, que os psicanalistas chamam "mãe fálica". É a essa representação fálica da mãe sedutora que o homossexual se identifica ou identifica seu parceiro.

Uma última palavra para evocar uma explicação complementar sobre a origem da homossexualidade. É um ponto de vista centrado não sobre a mãe, mas sobre o irmão, quer dizer, sobre o semelhante. Vou resumi-lo numa recomendação destinada aos terapeutas: "Diante de um paciente homossexual, pense no seu irmão. E se não tiver, em seu irmão virtual." Acredito de fato que a incidência da fratria na gênese da homossexualidade é determinante e que o amor por um companheiro é freqüentemente a réplica do amor apaixonado por um irmão. Deveria acrescentar: um irmão invejado e odiado. Isso pode parecer complicado, mas na história do homossexual constato freqüentemente a seguinte seqüência: primeiro, hostilidade contra um irmão rival → em seguida, amor por esse mesmo irmão → depois, amor por um homem. Eis por que diria que a homossexualidade masculina resulta da transformação de um antigo ódio fraterno em amor por um semelhante. O homossexual prefere amar "o mesmo", em lugar de se angustiar diante do "diferente", diante do inquietante e obscuro corpo feminino.

► *E a mulher lésbica? Qual é sua fantasia?*

Antes de tudo devemos distinguir dois tipos de mulheres homossexuais: as que se afirmam muito cedo — a partir da idade de 12-13 anos —, que não mudarão e jamais conhecerão a heterossexualidade; e depois aquelas que, ao contrário, foram primeiro heterossexuais, depois lésbicas durante um período de sua vida, para reencontrar às vezes a heterossexualidade.

As primeiras são mulheres de aparência masculina que jamais tiveram relações heterossexuais e mantêm uma profunda aversão por qualquer detentor de pênis. Têm horror do homem tal como o imaginam: obsceno, brutal, desprezível, covarde e fanfarrão. Mas é preciso compreender que sua rejeição do homem não é uma rejeição da virilidade. Ao contrário, idealizam a virilidade e dela se apropriam. Vivenciam-se na pele de um ser viril depurado, perfeito, desprovido de todos os defeitos do gênero masculino e bem superior ao homem comum. Esse ser ideal com o qual se identificam é na verdade uma figura híbrida composta de uma parte masculina e uma parte materna. É uma estranha mãe masculinizada, protetora e iniciadora.

Pode-se considerar que essas mulheres viris estruturam sua vida amorosa de acordo com uma cena inconsciente em que desempenham o papel de mãe masculinizada, fazendo com que sua protegida desempenhe o papel complementar de uma menininha de olhos dolentes, sólida e ternamente amada.

Justamente, o outro modo de homossexualidade de tipo feminino que alguém poderia qualificar corresponde àquelas que se deixam iniciar na volúpia de um amor sem pênis. Trata-se de mulheres que viveram experiências heterossexuais, casadas o mais freqüentemente, algumas vezes com filhos, que, decepcionadas por um homem, se apaixonam violentamente por uma parceira ao mesmo tempo forte e doce, adornada de todas as virtudes masculinas e maternas. Se a paixão se extinguir, freqüentemente essas homossexuais se invertem e se comprometem com um homem.

Poderíamos então distinguir dois gêneros de homossexuais lésbicas: as de tipo *masculino*, que se identificam com um homem assexuado e materno; e as de tipo *feminino*, que se identificam com uma menininha apaixonada. Apesar de sua reciprocidade, essas duas categorias de mulheres nem sempre formam um casal. Muitas relações homossexuais estão fundadas em motivações mais complexas e sutis.

Assim sendo, o que me surpreende mais no laço amoroso entre mulheres é que ele se ata com uma ternura infinita, uma nostalgia e uma mútua fragilidade. Enquanto dois homens se unem em torno do sexo erigido, duas mulheres se amam em torno de uma falta e saboreiam, como tão bem escreveu Colette, "*o amargo deleite de se sentirem semelhantes, insignificantes e esquecidas.*"

O homem impotente, a mulher abandonada; o ciúme

▸ *Será que podemos voltar ao homem heterossexual e sua perda de identidade?*

Enquanto o homossexual assume sua identidade e luta para afirmá-la, o heterossexual é desamparado e busca atualmente uma nova imagem viril. Eu deveria dizer: "se busca", porque não possui mais ideal masculino com que se identificar. Profundamente desorientado em sua busca identitária, o homem contemporâneo é espezinhado por uma pergunta angustiante. Uma pergunta que formularei inspirando-me em Freud quando admitia sua ignorância diante do eterno feminino. Certo dia em que dialogava com essa grande pioneira da psicanálise francesa que era Marie Bonaparte, ele lhe confiou: "A imensa interrogação ainda sem resposta e à qual eu mesmo nunca consegui responder a despeito de meus trinta anos de estudo da alma feminina é a seguinte: 'O que quer uma mulher?'" Atualmente, um século mais tarde, a questão do desejo feminino permanece sem resposta e se desdobra em outra, igualmente enigmática sobre o eterno masculino, que vou parafrasear assim: *O que pode* — e não "o que quer" — *um homem?*

A problemática da mulher é a do *querer*, a problemática do homem é a do *poder*. Veja bem. Em nossa fórmula, a palavra "poder" não é sinônimo de força política ou social, exprimindo antes a convicção íntima que sente um homem de ser capaz de realizar uma ação. A interrogação "O que pode um homem?" condensa todas as variantes da dúvida masculina perante a prova: "Estarei à altura de minha tarefa? Conseguirei realizá-la? Estou suficientemente preparado?" Defino a angústia masculina como o medo de não conseguir satisfazer a expectativa do outro. Que outro? Acima de tudo uma mulher, ou ainda um homem investido de uma autoridade.

O homem que vem atualmente nos consultar é um sujeito preocupado e desestabilizado. Impotente, ejaculador precoce, fora dos eixos com sua companheira recentemente promovida e ao mesmo tempo melhor remunerada que ele; ou ainda, não sabendo mais como assumir sua paternidade para com seus filhos ou preservar o orgulho diante de seus amigos, o homem de hoje é um ser desamparado que nada mais tem a oferecer e se acredita indigno de amor. Quer ser amado não pelo que é, mas pelo que *poderia* ser, *dar* ou *fazer*. De fato, para um homem, o verdadeiro poder reside não na posse material ou no exercício de uma função hierárquica, mas em sua aptidão em tirar de si mesmo mais do que efetivamente há lá. É isto o poder: ser capaz de se superar, de se propelir rumo ao futuro.

▸ *E a mulher?*

Pois bem, a mulher não se inscreve na mesma problemática do homem. De um ponto de vista psicanalítico, a identidade sexual feminina se constrói ao longo de toda a vida, e isto sem crises de identidade. Uma mulher não cessa de se tornar mulher, ao passo que o homem consolida sua identidade masculina entre seis e quinze anos — mesmo que, como acabo de dizer, sua virilidade possa ser dolorosamente repensada. Na mulher, o senso da feminilidade nunca é adquirido, sendo elaborado permanentemente, para além mesmo da experiência da maternidade. Como se a particularidade da identidade feminina fosse a de se enriquecer ao longo do tempo não apenas em contato com outras mulheres, mas também sobretudo com o homem. Seguramente, o que faz que uma mulher se sinta mulher é a mão do companheiro que a acaricia e a apóia, a fala que a reconhece ou o olhar que a ilumina. A intervenção do homem na formação do caráter feminino é evidentemente decisiva.

Mas se é verdade que a mulher se beneficia de uma identidade sexual relativamente estável, teme em contrapartida que seu parceiro a abandone e a deixe. Se o ponto vulnerável do homem é o poder, o da mulher é o amor. O mal-estar da mulher é o medo de ser traída por aquele a quem ama. Um medo que a condena freqüentemente à solidão, pois, por medo do abandono, recusa se comprometer numa relação amorosa. Muitas pacientes me consultam por essa razão. Lembro-me do caso de uma flautista célebre, belíssima mulher de charme indiscutível, mas que, com trinta e sete anos, estava desesperada por viver sozinha. Apesar de diversas tentativas, não conseguia formar um casal, panicada pela idéia de se ligar a um homem que acabaria por deixá-la. Eis a angústia feminina por excelência: o medo do abandono que, se não conduz à solidão, fomenta o ciúme.

▸ *As mulheres seriam então mais ciumentas que os homens?*

Não "mais ciumentas", mas ciumentas de outra maneira. Não hesitam em manifestar freqüente e abertamente seu medo de serem enganadas, como se esse ciúme à flor da pele fosse um componente natural da feminilidade. Decerto os homens são igualmente ciumentos, porém sua desconfiança se manifesta por crises e só é despertada em circunstâncias bem definidas.

Mas ciúmes feminino e masculino se distinguem também por seu conteúdo. O primeiro é uma angústia de perder, o outro, uma avidez de possuir. Ao passo que a mulher é ciumenta por *medo* de ser abandonada, o homem é sobretudo ciumento por *desejo* de dominar; ela teme a solidão, e ele, a humilhação de ser despossuído. Com isso, em cada um prevalece um dos dois componentes essenciais do ciúme: o medo e o desejo. Pois, o que é o ciúme senão um sentimento doloroso que condensa o medo de ser traído e o desejo de possuir? Em suma, o ciúme é um medo duplicado por egoísmo febril.

Não esqueçamos todavia que o ciúme, embora devastador, é um afeto perfeitamente normal, pois não existe amor sem ciúme. Por quê? Porque o amor é naturalmente possessivo e porque é próprio do apaixonado exigir a exclusividade. Assim, o ciúme é uma exacerbação da possessividade amorosa, o guardião zeloso da fidelidade da amada.

▸ *Mas quando o ciúme normal se torna doentio?*

A partir do momento em que invade a vida do casal e se manifesta por atos violentos que levam o ciumento a destruir justamente o que lhe é mais caro, o amor de seu parceiro. É como se o sujeito acuasse o amado numa sinistra alternativa: "Ou você me pertence, ou eu te destruo." Sob essa forma extrema, o estado ciumento se parece com um estado delirante, em que o doente encerra sua irrealidade.

Nesse estágio, o ciúme é uma obsessão lancinante e o ciumento, um doente da dúvida. Seu tormento vem de não saber se foi ou não realmente enganado e de perguntar incessantemente: "Ela é infiel ou estou delirando?" Isso me lembra as palavras de um paciente no paroxismo de seu ciúme: "Prefiro saber de uma vez por todas que ela me enganou do que suportar a incerteza infernal que está me roendo. No fundo, meu problema não é ter sido traído, mas *não saber* a verdade."

De toda forma, o ciúme, normal ou patológico, é uma reação complexa que conjuga diferentes sentimentos. Se o ciumento em crise pudesse se auto-analisar, ele nos diria: "Sofro quatro vezes: porque tenho *medo* de perder aquela que amo; porque me sinto *humilhado* só de pensar que sou traído; porque tenho *raiva de mim* por não ter sabido preservar o amor dela; e finalmente, porque *odeio* a cena em que minha amada, excitada e radiosa, seduz meu rival. O medo, a humilhação, a culpa e o ódio, eis a cruel engrenagem que me arruína. Mas acima de tudo, me sinto devorado pela dúvida e envergonhado de ser ciumento."

▸ *O ciúme é tratável?*

Tudo depende de sua intensidade. Na maioria das vezes o ciúme comum é facilmente amenizado caso levemos a pessoa a tomar consciência das raízes infantis de sua ansiedade e de suas dúvidas, e a admitir que, para segurar seu companheiro, a melhor atitude é fazer de tudo para seduzi-lo como no primeiro dia. Trata-se de substituir a suspeita pela sedução. Para fazer isso, aconselharia ao ciumento que se lembrasse dos primeiros encontros com sua parceira e do sentimento de confiança que então o animava. Se em contrapartida o ciúme se mostrar crônico, violento, e limítrofe da paranóia, sua cura é incerta.

▸ *Um último esclarecimento. Que diferença o senhor vê entre ciúme, inveja e rivalidade?*

Responderei com uma fórmula. O *ciúme* é o medo de perder o que possuo; a *inveja* é querer o que o outro possui; e a *rivalidade* é lutar contra um adversário a fim de ganhar um bem que ainda não possuo.

O amor no casal

▸ *No momento atual, cada vez mais casais se formam e se separam. Isso é próprio de nossa época ou será da natureza do amor ser efêmero? Em outras palavras, um amor pode durar?*

Mas é claro! Obrigado por me dar a oportunidade de dizer isso, e mesmo proclamar: o amor pode ser duradouro! Não faz muito tempo, os casamentos se davam por razões mais freqüentemente alheias aos sentimentos. Eram uniões de pura conveniência, em que os esposos contudo aprendiam a viver juntos e a se amar, às vezes até a morte. Em nossos dias, embora a escolha seja livre, e freqüentemente apaixonada, separa-se ao menor desentendimento. À subitaneidade da explosão corresponde a violência de uma separação impulsiva. Como se os parceiros do casal não tivessem mais tempo de construir e fortalecer sua união. A vida a dois é como um organismo vivo que é preciso alimentar permanentemente, uma planta que necessita de luz, cuidados e paciência. Às vezes, perece prematuramente, em outras cresce vigorosamente. Isso depende da maneira pela qual os protagonistas mantêm sua relação amorosa; ora, para melhor preservá-la, é preciso conhecer a lógica do amor. Estou convencido de que o sucesso ou o fracasso de um casal repousa em inúmeros fatores, acima de tudo inconscientes, mas também na compreensão que os parceiros têm da dinâmica conjugal.

Você me pergunta se é possível que um amor perdure, e eu lhe tranqüilizo. Agora gostaria de lhe dizer em que condições o amor pode resistir à prova do tempo. Naturalmente, não pretendo enunciar a verdade do amor — ninguém se arriscaria a isso, nem mesmo o Sócrates do *Banquete* —, apenas lhe confiar o que me ensinou uma longa experiência junto a casais.

Minha primeira constatação é que todo sentimento amoroso evolui e amadurece ao longo dos anos. É evidente que não se ama da mesma maneira com vinte anos e com sessenta. E depois, o amor é bem diferente no início, no meio e no fim da relação. No começo dominam a alegria de estar juntos e o desejo de realizar projetos comuns, depois, a partir de inevitáveis desilusões, impõem-se reajustes, e descobre-se o amado sob um novo rosto numa nova realidade. A maneira de amar é então modificada. É naturalíssimo que no curso de uma vida cada um mude fisicamente e mentalmente, atravesse provas que o regenerem e o transformem. Ora, a arte do parceiro de casal sólido é acompanhar o outro em suas imprevisíveis variações, tal como o dançarino que, para manter o ritmo, adequa sua cadência ao passo inesperado de sua dama. O que é importante é evoluir livremente de seu lado preservando ao mesmo tempo a estabilidade de seu vínculo.

▸ *No entanto há casais que passam por momentos às vezes dramáticos.*

É verdade. Não existe casal sem crises, pois a crise faz parte do difícil equilíbrio da vida a dois. O problema não é evitar as crises — elas são incontornáveis —, mas aprender a superá-las para depois se encontrarem apaziguados, voltados para horizontes mais serenos. Contudo, independentemente da capacidade dos parceiros de superar problemas, a manutenção de sua união depende de outros pontos de conexão. Em primeiro lugar, a *aliança sexual*: se ela não é feliz, a relação se fragiliza e freqüentemente se desfaz. Não digo que um casal enfraquecido por um problema sexual rompa obrigatoriamente. Não! Quero apenas insistir na importância do prazer sexual para o bem-estar psíquico dos parceiros, em particular da mulher. Enfatizo "da mulher" porque uma companheira insatisfeita sexualmente é antes de tudo uma mulher insatisfeita afetivamente, que se sente desprezada. Por quê? Porque em geral a mulher associa tão estreitamente o sexo e a ternura que sente o ato sexual como um ato de amor. Assim, é importante para os cônjuges terem uma atividade sexual regular, mesmo que não estejam sempre inflamados pelo fogo dos primeiros ardores. Longos períodos de silêncio sexual são certamente prejudiciais à saúde do casal. Eis por que o segredo de uma sexualidade realizada reside na harmoniosa combinação entre a regularidade das relações e a parte de jogo e de fantasia que avivam o desejo.

▸ *Mas se as pessoas não têm vontade de fazer amor, não vão por isso se forçar!*

Sim! Em certos casos um desejo sexual extinto pode renascer como resultado de encontros familiares em que marido e mulher combinam de se reencontrar sexualmente. Penso num casal que veio me consultar porque sua sexualidade havia se estiolado ao cabo de sete anos de casamento, quando desejavam vivamente ter um filho. Não abordo aqui o trabalho psicanalítico empreendido com esse casal, contento-me em evocar a resolução que tomaram por ocasião de uma sessão e que lhes permitiu que se redescobrissem. Decidiram, em minha presença, reservar a sexta-feira à noite para seu encontro galante. Esse pacto, que respeitaram apesar de seu lado artificial, despertou seu desejo e renovou sua aliança sexual.

Porém, indo além desse exemplo, retomemos os diferentes pontos de conexão, protetores do amor. Eu falava ainda há pouco em "aliança sexual", mas a palavra "aliança" é fraca. Trata-se de fato de submissão sexual ou, se preferir, de *dependência sexual* um em relação ao outro. Assim, para que se instaure uma relação duradoura, é preciso também que cada um dos parceiros seja sexualmente subjugado pelo outro. A esse respeito me vem à cabeça uma frase de Krafft-Ebing destacando a influência do sexo sobre a perenidade do amor: "Para que uma ligação dure, é preciso que haja absolutamente um certo grau de sujeição sexual." Afirmação inteiramente confirmada por Freud: "A sujeição sexual [de uma mulher a um homem e reciprocamente] é indispensável para que se mantenha o casamento e sejam refreadas as tendências polígamas que o ameaçam."

Um segundo fator de estabilidade é a *admiração recíproca*: para cada um, o outro deve ser o melhor! Pouco importa em que domínio, mas minha companheira deve ser, a meus olhos, a mais intuitiva das mulheres, uma deslumbrante dançarina de tango ou, quem sabe, a mais temível mulher de negócios; e, para ela, devo representar o mais generoso dos homens, o melhor dos pais ou ainda um verdadeiro *cordon bleu* na arte de preparar o pato com laranja! O que importa o objeto da admiração! O essencial é ter orgulho do parceiro, mesmo a respeito da mais modesta das virtudes.

Mas outras fagulhas atiçam o fogo do amor, são os *rituais* do casal, os gestos costumeiros, sempre os mesmos sejam quais forem os estados de espírito: o beijo ao acordar, a noite de quinta no cinema ou a feira do sábado de manhã. Estejamos ou não aborrecidos, tristes ou alegres, permanecemos fiel ao âmbito invisível da vida comum. Assim, a força positiva do hábito acaba por prevalecer sobre as alterações de humor e a inconstância dos sentimentos. Uma lamentável cena de casal será rapidamente esquecida se ela e eu estivermos ocupados com determinada tarefa cotidiana.

Para terminar — última lição de minha experiência clínica — destacarei a influência benéfica da *alternância dos papéis* na longevidade do casal. Acho, por exemplo, que em certos momentos o homem pode se comportar como um garotinho com sua companheira, sem com isso se sentir inferiorizado; e vice-versa, a mulher pode se conduzir como uma garotinha, sem ficar incomodada com isso. Estes são estados regressivos, em geral passageiros, que são absolutamente indispensáveis à harmonia da relação.

Acrescentarei ainda que uma união duradoura repousa no respeito, de cada um, da parte de solidão do outro.

Contudo, como você desconfia, nenhuma de minhas palavras pretende dissipar a magia inexplicável do amor. O amor permanecerá eternamente insondável. Só estou certo de uma coisa: o amado é aquele que me proporciona a mais embriagadora sensação de viver e a quem a mesma exaltação anima. Para resumir, o amado é a pessoa que tira de mim a quintessência de meu ser e me torna feliz.

Acabo de dizer que o amado me torna feliz e, no entanto, acrescentaria que é também aquele que, somente por sua alteridade, pelo único fato de ser outro, me limita, refreia meus desejos e me faz sofrer. Num casal estável, isto é, um casal com uma história, o parceiro pode ser o mais formidável despertador de vida, mas também o mais severo censor. Decididamente, o amado é um gênio com duas caras que me dá asas e as corta ao mesmo tempo.

▸ *Escutando o senhor, poderíamos acreditar que a vida a dois é um inferno!*

Não exageremos! Digamos antes que o sofrimento é inerente à natureza da relação amorosa, que é seu núcleo indissociável. No coração do amor jaz o sofrimento! Para além dos dilaceramentos resultantes das crises que todo casal atravessa, e da dor das rupturas, outros tormentos são intrínsecos ao amor, tormentos cotidianos suportados por aqueles que se amam com paixão. Seja o ciúme, a culpa, os remorsos, as renúncias, as angústias provocadas pela ausência ou as falhas do outro, ou simplesmente as frustrações devidas à sua impotência em nos satisfazer, todas essas chateações provam que o mais maravilhoso dos amados é também o mais cruel dos atormentadores.

▸ *Todos os apaixonados seriam então masoquistas?*

De jeito nenhum. Mesmo que isso lhe pareça chocante, o bom funcionamento mental depende de um certo grau de frustração. Ser frustrado é uma condição de nossa normalidade. Daí o papel do parceiro: ao nos gratificar e nos decepcionar, ele se torna o termostato de nossos humores.

Provavelmente essa idéia vai desconcertá-lo, porque habitualmente atribuímos exclusividade ao nosso parceiro na virtude de satisfazer nossos desejos e nos proporcionar prazer. Vivemos na ilusão, em parte verdadeira, de que ele nos dá mais do que nos priva. De fato, ele nos equilibra tanto por suas recusas como pelo que nos traz. Frustra-nos porque, embora excitando nosso desejo, não *pode* e — ainda que pudesse — *não quereria* nos cumular totalmente. Sendo humano, não o pode, e estando apaixonado... não o quer. *Não o pode* porque é impossível para um ser humano saciar completamente o desejo de um outro, e *não o quer*, porque, apaixonado, tem medo de se apegar demais e se tornar escravo do outro. Digo freqüentemente que o amor é uma neurose universal no sentido de que todo apaixonado receia sempre amar demais e se mostrar dependente. Em suma, nosso companheiro é a pessoa que sabe, decerto, nos excitar, nos gratificar, mas também nos frear, e portanto nos estabilizar. Eis por que o amado não é apenas aquele que nos faz feliz, é também aquele que nos frustra e, por isso mesmo, nos equilibra.

Toda mulher é virgem

▸ *Qual é a situação da virgindade atualmente?*

É verdade que ao longo de toda a minha prática raramente encontrei paciente vindo me consultar por um problema ligado à virgindade ou ao defloramento. Entretanto, posso lhe dizer que um bom número de analisandas, quando falam com autenticidade de sua sexualidade, declaram se sentir intimamente virgens. No sentido anatômico do termo, sabem perfeitamente que não são mais virgens, uma vez que o hímen desapareceu, mas sentem, no mais recôndito de seu ser a existência de um lugar inviolado e inviolável. Acabo de dizer que o hímen desapareceu, mas fisiologicamente isso não é exato; na verdade, o hímen nunca desaparece.

▸ *O hímen nunca desaparece! Como pode?*

Os homens e as mulheres acreditam que o hímen, por ocasião do defloramento, desaparece como um anjo que alça vôo. Mas na realidade ele nunca se vai. Os ginecologistas nos dizem que o hímen é uma fina e flexível membrana que obstrui o orifício vaginal. É encontrado unicamente na espécie humana e não se conhece nenhuma função fisiológica precisa sua. É normalmente perfurado, o que permite o esvaimento do fluxo menstrual. Ora, uma vez rasgado, ele se retrai pouco a pouco, formando pequenas pregas no contorno da entrada da vagina. Esses vestígios virginais têm o bonito nome de "renda do hímen". Para os especialistas, uma mulher tendo tido relações sexuais, e mesmo tendo parido, preserva sempre traços da membrana virginal.

Dito isto, a virgindade de que eu falava agora não é anatômica, mas evidentemente fantasística. Muitas mulheres têm a convicção íntima de que o sexo do homem nunca as penetrou completamente, nunca atingiu a parte mais protegida de seu corpo. Foi o que chamei: *a fantasia da virgindade.*

➤ *Está falando do seu corpo simbólico?*

Não. Estou falando do corpo tal como as mulheres o vivem e o fantasiam. Elas vivem o corpo no nível das sensações e o fantasiam com construções imaginárias. Insisto. Quando uma mulher em análise nos entrega livremente o sentimento que experimenta por ocasião da penetração, acontece de nos confiar também que existiria, no mais profundo dela mesma, um lugar intacto, intangível, puro de qualquer intrusão.

➤ *Mesmo uma mulher sexualmente experiente pode ter essa impressão?*

Perfeitamente. Essa mulher pode conhecer o prazer do orgasmo, se sentir plenamente satisfeita com aquele a quem ama, e ao mesmo tempo ser habitada pelo sentimento, mesmo confuso, de que resguarda uma pureza original que nada pode empanar.

▸ *Como se pode explicar isso?*

Ignoro. Como Freud, confesso que numerosos aspectos da sexualidade feminina resistem ferozmente ao saber. No entanto, vou lhe propor uma hipótese psicanalítica a ser verificada. Acho que o sentimento de uma virgindade irredutível só pode se instalar num ser — a mulher — do qual a índole do corpo está em receber um outro corpo que, inversamente, tem a índole de penetrar. A escuta das pacientes me ensinou que só aquela que experimentou a sensação de acolher o pênis do homem amado pode viver seu sexo como um invólucro, um continente sem fundo que se abre para um jardim eternamente secreto. Em outros termos, a fantasia de uma virgindade infinita só aparece numa mulher apaixonada que tenha sentido a volúpia da penetração. Insisto em que essas considerações são hipóteses que toda mulher pode ou não confirmar.

▸ *A mensagem que a mulher dirige ao homem seria então: "Há alguma coisa em mim que eu não te dou."*

Ou então: "Não te darei tudo." Ou melhor: "Eu me ofereço, mas não me entrego inteiramente. Enquanto mantiver a fonte de minha força, me sinto mulher e orgulhosa de sê-lo." Na verdade, *ela se oferece mas não se entrega totalmente* de medo de perder sua identidade mais íntima.

▸ *E como ela vive essa fantasia?*

É difícil responder, porque as pacientes têm uma atitude ambivalente. Por um lado, preferem não falar sobre isso, por outro, reivindicam isso como se a virgindade imaginária fosse o símbolo de sua feminilidade. Digo a mim mesmo que, para certas mulheres, o núcleo da identidade feminina é construído em torno desse lugar silencioso e vazio. É como se ser mulher consistisse em conservar intacta essa virgindade virtual, com medo de a perder um dia.

▸ *Essa fantasia da virgindade seria universal?*

Penso que sim, e a ponto inclusive de afirmar que *toda mulher é virgem* e isto, qualquer que seja o grau de desenvolvimento de sua sexualidade. Certas mulheres, sexualmente ativas, percebem essa fantasia graças a uma particular capacidade de introspecção. Outras, menos sensíveis às sensações internas e talvez menos imaginativas, chegam porém a sentir essa impressão de virgindade e dela falar, naturalmente sob a condição de encontrar uma escuta receptiva.

Por outro lado, encontrei pacientes que não têm ciência nenhuma dessa fantasia e cuja feminilidade parece marcada por uma forte identificação masculina com a figura do pai. São mulheres que têm uma vida social significativa e uma atividade sexual reduzida. Como se sua virgindade imaginária tivesse cedido lugar a um ideal de ação de conquista.

▸ *E a virgindade real? Acredita que o defloramento seja sempre um acontecimento importante na vida de uma adolescente?*

Certamente. O defloramento foi por muito tempo considerado uma experiência maior, uma prova ou mesmo um rito de passagem para o estado de mulher. A liberação dos costumes das últimas décadas fez todos admitirem que a perda da virgindade nada tem de dramático em si. No entanto, as moças e os rapazes ainda têm medo da primeira relação sexual.

Diante do defloramento, a atitude atual das adolescentes varia segundo sua personalidade e seu meio social. Permanecer virgem até o casamento mesmo mantendo relações amorosas mais ou menos castas, ou renunciar à sua virgindade para viver livremente sua sexualidade, eis a alternativa para as moças de nossa época.

▸ *E para o homem, o que representa o ato de deflorar?*

Lembre-se de que o defloramento era considerado por certos povos primitivos como maldito, um tabu propriamente religioso. O noivo temia de tal modo ser o primeiro a romper o hímen de sua futura esposa que o costume confiava este cuidado a um terceiro. Deflorar a jovem mulher significava transgredir um interdito dos deuses. Era um sacrilégio que trazia desgraça e anunciava cataclismos. Em nossos dias, os mitos mudaram.

Deflorar uma moça pode ser vivenciado pelo homem como a conquista de um troféu e a afirmação de sua virilidade. No entanto, quando fica sabendo que é o primeiro a penetrar sua parceira, freqüentemente tem medo.

➤ *Medo de quê?*

Medo de causar dor na menina ou de sentir dor. Não esqueçamos que o medo do desconhecido existe sempre.

➤ *O menino tem medo, mesmo tendo o desejo de ser o iniciador?*

O sentimento de triunfo de ser o primeiro vem apenas depois de ter consumado o ato, quando compreendeu que é seu autor. Pois, muito freqüentemente, os rapazes ignoram antes do defloramento que a menina é virgem — elas o mais das vezes escondem o fato. De todo modo, o menino lida com isso inabilmente, com medo e brusquidão.

➤ *E como ele vive sua primeira experiência?*

Como uma verdadeira prova para seu futuro de homem. A exemplo da menina, a primeira relação sexual representa para ele uma vitória sobre a ascendência familiar, o que lhe confere um status de adulto. No entanto, e você não ignora isso, esse acontecimento primordial revela-se muitas vezes um fracasso, como confirmam os inúmeros testemunhos das moças decepcionadas. Três quartos dentre elas se dizem frustradas por uma primeira relação desconcertante, insípida ou dolorosa.

▸ *O defloramento sempre provoca dor?*

Na verdade, não. O defloramento é antes indolor, sobretudo se a jovem mulher está desejante, relaxada e confiante em seu parceiro. No entanto, mesmo assim, a primeira relação pode se mostrar decepcionante. O problema não é tanto o defloramento, mas o medo da menina em relação ao ato, a culpa de realizá-lo, ou a frustração de não ter conseguido atingir o prazer esperado. Se existe dor, é sobretudo por causa da crispação muscular da jovem ansiosa.

▸ *É inevitável que seja assim?*

Acredito que sim, e a inexperiência dos parceiros é a causa disso. O menino, na maioria dos casos, é impaciente, desajeitado, ignorando a importância dos gestos ternos para despertar o desejo de sua parceira; e quanto à menina, está geralmente indecisa, tensa e cheia de apreensão.

Não percamos de vista que freqüentemente tanto o homem quanto a mulher — sobretudo jovens — ignoram tudo da morfologia deste órgão que é a vagina. Parece que nosso espírito representa com mais facilidade o clitóris ou o pênis — partes salientes do corpo — do que a cavidade vaginal. Tudo se passa como se a representação mental de uma anfractuosidade nos fosse mais difícil do que a representação de um relevo saliente, tal como o clitóris, o seio ou o pênis. Um contraste espantoso aparece então entre a dificuldade de imaginar a vagina e a facilidade de imaginar uma protuberância. Fazemos geralmente uma idéia vaga de um buraco, ao passo que somos imediatamente subjugados por esta ou aquela proeminência do corpo. Não sabemos definir um buraco, mas descrevemos facilmente um apêndice. Estou convencido de que o comportamento do homem é em grande parte determinado pelo fato de que seu sexo é visível, ao passo que o comportamento da mulher é determinado pelo fato de que seu sexo é retraído. Enquanto a virilidade é tributária do sentimento de que o pênis é um apêndice vulnerável exposto tanto ao olhar como ao perigo, a feminilidade é alimentada pela sensação de que a vagina, abrigada pelo corpo, lhe é consubstancial. Vou formular isso de outra forma. O comportamento viril parece animado por uma fantasia em que o homem se diria, ao pensar em seu pênis: "Sinto orgulho de tê-lo mas é justamente porque ele me é tão precioso que tenho medo de perdê-lo." O comportamento feminino, em contrapartida, seria animado por uma fantasia em que a mulher, ao pensar em sua sexualidade, se diria: "Meu sexo é de tal forma fundido em meu ser que me desejar é me amar inteira, e deixar de me desejar significa me abandonar."

Acrescentemos que a anatomia vaginal, pouco visível e desconhecida, suscita diversas interpretações fantasiosas, tanto nos homens como nas mulheres.

▸ *Que interpretações?*

Os homens, por exemplo, se representam a cavidade vaginal como um buraco vazio, ao passo que na verdade a vagina é achatada e antes fechada, com uma face anterior curta, aderente a uma face posterior mais longa. Durante o coito, essas paredes se distendem e se adaptam ao pênis, seja qual for seu tamanho. Esse poder de dilatação é considerável, uma vez que permite a passagem do bebê por ocasião do parto. Em suma, a vagina não é, como muitos homens pensam, um receptáculo passivo do pênis, é o órgão ativo do prazer feminino, uma cavidade decerto achatada, mas de paredes extensíveis e excitáveis.

Entre as fobias masculinas, encontramos com freqüência a da "vagina armadilha" dentro da qual o homem tem medo de que seu sexo fique para sempre aprisionado; ou ainda o terror de certos pacientes cuja ercção é inibida à idéia bizarra de que seu pênis se esmaga contra um muro que fecharia o orifício vaginal; sem falar da célebre lenda da "vagina dentada" capaz de morder e arrancar o sexo daquele que se arrisca a nela penetrar.

▸ *Uma última pergunta. Qual é a atitude dos pais a respeito da virgindade de sua filha?*

À guisa de resposta, gostaria de ler para você um poema de René Char intitulado *Companhia da estudante*. É uma troca emocionante entre um pai e uma filha prestes a se tornar mulher. Você vai escutar primeiro as palavras do pai tremendo à idéia de que sua filha perca sua inocência, seguidas da resposta exaltada da jovem.

Companhia da estudante

Bem sei que os caminhos andam
Mais céleres que os estudantes
Sentados em suas carteiras
Andando em meio ao visco dos vapores
Onde o outono perde o fôlego
Jamais suave a teu respeito
Será que te vi sorrir?
Minha filha, minha filha, estremeço

Tu então não desconfiavas
Desse vagabundo estranho
Quando ele tirou o boné
Para perguntar o caminho?
Não pareceste surpresa
Vocês se atraíram
Como abelha e mel
Minha filha, minha filha, estremeço

A flor que ele traz entre os dentes
Poderia deixá-la cair
Se consentisse em dizer seu nome
Em devolver os destroços às suas ondas
Depois, alguma confissão maldita
Que obsedaria o teu sono
Entre os juncos de seu sangue
Minha filha, minha filha, estremeço

Quando esse rapaz se afastou
A noite cristalizou teu semblante
Quando esse rapaz se afastou

Dorso arqueado cabeça baixa e mãos vazias
Sob os salgueiros estavas séria
Como nunca havias estado
Devolverá ele tua beleza?
Minha filha, minha filha, estremeço

[A filha lhe responde:]

A flor que ele trazia na boca
Sabes o que ocultava?
Pai, uma dor pura cheia de moscas
Eu o cobri com minha piedade
Mas seus olhos mantinham a promessa
Que fiz para mim mesma
Estou louca, estou nova
É você, meu pai, quem está mudando.*

---

* In Œuvres complètes, Gallimard, 1983, p.98. [No original: Je sais bien que les chemins marchent/ Plus vite que les écoliers/ Attelés à leur cartable/ Roulant dans la glu des fumées/ Où l'automne perd le souffle/ Jamais douce à vos sujets/ Est-ce vous que j'ai vu sourire?/ Ma fille ma fille je tremble// N'aviez-vous donc pas méfiance/ De ce vagabond étranger/ Quand il enleva sa casquette/ Pour vous demander son chemin?/ Vous n'avez pas paru surprise/ Vous vous êtes abordés/ Comme coquelicot et blé/ Ma fille ma fille je tremble// La fleur qu'il tient entre les dents/ Il pourrait la laisser tomber/ S'il consent à donner son nom/ À rendre l'épave à ses vagues/ Ensuite quelque aveu maudit/ Qui hanterait votre sommeil/ Parmi les ajoncs de son sang/ Ma fille ma fille je tremble// Quand ce jeune homme s'éloigna/ Le soir mura votre visage/ Quand ce jeune homme s'éloigna/ Dos voûté front bas et mains vides/ Sous les osiers vous étiez grave/ Vous ne l'aviez jamais été/ Vous rendra-t-il votre beauté?/ Ma fille ma fille je tremble /*[Et sa fille de lui répondre:]*/ La fleur qu'il gardait à la bouche/ Savez-vous ce qu'elle cachait?/ Père un mal pur bordé de mouches / Je l'ai voilé de ma pitié/ Mais ses yeux tenaient la promesse/ Que je me suis faite à moi-même/ Je suis folle je suis nouvelle/ C'est vous mon père que changez. (N.T.)]

O ódio e a amizade

O ódio como exercício de todos os dias

▸ *Podemos esperar que um dia a humanidade consiga erradicar a violência?*

A idéia de que o ódio, as guerras e a destruição em geral possam desaparecer é, temo, uma pura utopia. Naturalmente, devemos lutar contra a violência, mas não se esqueça de que as forças destruidoras são tão inerentes à natureza humana que permanecem enraizadas profundamente. Para melhor enfrentar a violência, é essencial combatê-la, sempre tendo no espírito que ela não se deixará eliminar. A violência, assim como a erva daninha, sempre renasce.

▸ *O ódio seria então um inimigo invencível?*

É bem possível, porque esse inimigo está em nós e, enquanto o homem viver, o ódio irá perdurar, mesmo nos melhores dentre nós. Suprima seu ódio e você se mutilará, pois ele é uma metade sua. Se, por exemplo, privássemos uma criança de toda sua agressividade, nós a veríamos, tal como um autista, se estiolar na indiferença e na apatia. Veja bem, a saúde de um indivíduo resulta do equilíbrio entre dois grandes movimentos antagônicos, as forças da morte e as da vida. Enquanto as pulsões de morte se manifestam pelo ódio, as pulsões de vida geram o amor. Assim, atração e repulsa, amor e ódio são pulsações originárias que palpitam em todo organismo vivo. Com isso, é impossível nos desfazermos de uma parte de nós tão essencial quanto o ódio, no máximo podemos controlá-lo.

Ora, eis a minha idéia. A exemplo de uma grande fera que deixa de ser perigosa quando submetida a um amestramento regular, o ódio necessita de uma ginástica cotidiana. Sim, é o que afirmo a você, o ódio deve ser um exercício de todos os dias! Mas não se iluda, minha fórmula não é absolutamente uma apologia da violência. Ao contrário, é um apelo à moderação. Por quê? Porque se você deixasse a violência se acumular em seu psiquismo, ela se tornaria explosiva, ao passo que, regularmente evacuada, ela se civiliza e se transforma em energia fecunda. A psicanálise nos ensina que as pulsões fermentam e fervilham sob a pressão de um recalcamento brutal, enquanto se sublimam quando liberadas com equilíbrio. Insisto, o ódio deve ser constantemente destilado para evitar que, por muito tempo confinado no inconsciente, estoure furiosamente. Se, por exemplo, o ódio se exprimir durante a batidíssima cena de casal em que os parceiros dão livre curso à sua cólera, ele é saneado e, associado ao amor, consolida a relação. Assim, as tempestades que às vezes desestabilizam um casal cumprem a função de sopapos evacuando o excesso de tensão. Os apaixonados sabem, mesmo tendo esquecido o fogo da discussão, que seu enfrentamento não apenas não os separará, como os unirá mais que nunca. Finalmente, o ódio domesticado é um excelente complemento do amor, que ele alimenta e fortifica.

▸ *Eu achava que o ódio matava o amor e que os dois eram inimigos jurados...*

Melhor, são irmãos inimigos. Embora se oponham, pertencem à mesma família, a das doces e temíveis quimeras. Pois, o que é o amor senão uma deliciosa miragem, a promessa ilusória de viver a dois uma felicidade mútua? E o que é o ódio senão a ameaça igualmente utópica de um dia destruir o outro? Quanto à ilusão amorosa, me faz pensar no célebre paradoxo de Lacan: "O amor é dar o que não se tem", que eu traduziria por: o amor é prometer o vento; o amor é apenas promessa, a promessa de uma felicidade sempre por vir. Eis por que digo comigo que o apaixonado é no fundo um honesto mercador de ilusões que, sem nenhuma malícia, troca suas miragens pelas miragens de um outro. Mas não se engane, definir o amor como uma troca de enganos não é em nada pejorativo. Ao contrário, a inocência apaixonada é, de todas as nossas regressões, a mais necessária à sobrevida da espécie. Prova disso é que desse mercado de ilusões, dessa troca de nadas, nascem seres bem reais como você e eu, filhos do amor. Digo "filhos do amor", independentemente da autenticidade da paixão que unia nossos pais. Quaisquer que fossem seus sentimentos, é inegável que um ato sexual fecundo exprime sempre o desejo mútuo de transmitir a vida. Para além de sua consciência e de seu amor, dois seres que procriam obedecem necessariamente à vontade soberana da espécie de se perpetuar.

Quanto ao ódio, é também uma ilusão, se o encararmos como uma ameaça, isto é, como a intenção cega de destruir o outro. Globalmente, eu diria que se o amor é a promessa de uma felicidade infinita, o ódio é a ameaça de uma desgraça absoluta. Em suma, quer cedamos ao amor ou ao ódio, seremos sempre presas de uma ilusão: cumular aquele a quem amamos e suprimir aquele a quem execramos.

Assim sendo, essas miragens opostas são de tal modo indissociáveis que não aparecem nunca uma sem a outra, a ponto de sua união ter sido divertidamente qualificada por Lacan de *hainamoration* [ódio-paixão].* Não duvide, por trás do mais nobre dos amores espreita o ódio mais soturno.

Mas para voltar agora à sua pergunta sobre a irredutibilidade da violência, repetirei que, longe de eliminar o ódio, devemos domá-lo e mantê-lo como um aliado do amor, e, mais além, como uma força vital necessária ao indivíduo e à sociedade.

▸ De *acordo com o senhor, o ódio seria então uma energia benéfica, sob a condição de ser canalizada. Mas sempre se consegue isso?*

Não, justamente. Distingo dois tipos de ódio.** O primeiro é uma força bruta que pode ser domesticada e se tornar positiva ao ser exercitada todo dia. É o *ódio-sublimado* que mencionei a você. O segundo é o *ódio-impulsivo*, paixão devastadora que se desencadeia quando o amor-próprio é profundamente atingido. Penso no caso da esposa enganada e humilhada que uiva

---

* O neologismo de Lacan funde *enamourer* (enamorar) e *haine* (ódio). A pronúncia de *haine* se assemelha à das sílabas iniciais de *enamourer*, o que torna o trocadilho ainda mais adequado e, nas palavras do autor, divertido. (N.T.)

** In "O conceito de ódio", a ser publicado no volume 2 de *Lições sobre os 7 conceitos cruciais da psicanálise.*

sua dor precipitando-se ferozmente sobre o homem que tanto amou. Com certeza o companheiro mais idealizado é também aquele cuja traição permanece a mais imperdoável. É preciso saber que as lutas extremas se dão sempre entre aqueles que se amaram mais apaixonadamente. Não duvidemos: não existe ódio pior do que o ódio familiar. Isso é também uma nova confirmação da solidariedade estreita entre aqueles irmãos gêmeos e inimigos que são o amor e o ódio: quando um enfraquece, o outro logo assume o seu lugar.

Mas o que é o *ódio-impulsivo*? Você se lembra daquela notícia de um pai furioso, que vindo a saber do estupro de sua filha ainda adolescente, pega seu fuzil e mata ali mesmo o estuprador. Que furor armou esse braço vingador senão o ódio visceral? E o que inflamou esse caudal de violência, se não a dor de ver profanado seu bem mais querido, a inocência de sua filha? Ora, todos encerramos em nós um tesouro tão sagrado como o é para um pai a pureza de seu filho, ou seja, o sentimento íntimo de ser você. Portanto, ferir esse sentimento profundo é atingir nosso eu em pleno coração e desencadear a reação fulminante da raiva. Assim, definimos o *ódio-impulsivo* como uma reação instintiva do eu, um reflexo desesperado para fazer um curativo na imagem de si ferida e acalmar a dor da afronta. Isso significa que meu ódio é um concentrado de violência contra aquele que me humilhou, e, ao me humilhar, desestabilizou a base de minha identidade. Gostaria de sujá-lo como ele sujou o que tenho de mais precioso, a imagem de mim mesmo. Odiar o outro é portanto o derradeiro sobressalto para consertar a imagem de si mortificada.

Assim sendo, poderíamos supor que, vítimas de um ultraje, ficássemos arrasados. E no entanto a resposta à afronta nunca é o deterioramento, mas o ódio. *Prefiro odiar a ser triste, pois no ódio eu me reúno, ao passo que na tristeza me dissolvo.* Em resumo, *odeio, logo me sinto ser.*

▸ *Se entendi bem, até o ódio cego nos fortalece?*

Não, não acredito nisso. O sentimento de onipotência que acompanha a explosão colérica não passa de uma crispação do eu, uma sensação ilusória de se recompor. Há pouco eu lhe dizia que o ódio sublimado nos consolida, e agora responderei a você que o ódio impulsivo nos enfraquece, se destila em nós como um veneno que nos rói e nos prende eternamente àquele a quem queremos destruir. Voltemos ao exemplo da esposa traída e escutemo-la falar: "*Antes de ser humilhada, eu era dependente dele por amor, agora sou pelo meu ódio. Enquanto ele estiver na terra, vou fazer de tudo para impedi-lo de viver. É preciso que ele sofra como me fez sofrer.*" Essa obstinação mostra como aquele que odeia pode se tornar doente de seu ódio e cair sob o jugo da imagem obsedante daquele ou daquela que o traiu. Para que você entenda melhor a natureza dessa dependência doentia do outro odiado, eu a aproximaria da dependência igualmente mórbida do enlutado doente que acredita que o defunto continua vivo. Nem aquele que odeia obcecado pelo fantasma do traidor nem o enlutado obcecado pelo fantasma do morto conseguem expulsar seus demônios. Um, escravo de seu rancor, o outro, de sua dor, vivem ambos oprimidos por uma presença espectral que devora sua existência. O rancor e a dor são freqüentemente as fogueiras interiores que atiçamos, mesmo nos arruinando a ponto de ficarmos fisicamente doentes.

▸ *E como se libertar dessa prisão que é o ódio crônico?*

Com a ajuda do tempo. É preciso que, pouco a pouco, o ódio se expanda, se esvaia em lágrimas, em calor e em símbolos até se dissolver. Só o tempo e, em certos casos, a escuta do psicanalista permitirão ao sujeito abrir-se a novos laços afetivos que progressivamente dissiparão os pesadelos do passado.

▸ *O senhor diz que o ódio é "a manifestação da pulsão de morte", mas o que é a pulsão de morte?*

Talvez isso o surpreenda, mas vejo tanto a pulsão de vida como a pulsão de morte a serviço da vida, uma em oposição à outra. A primeira ao ligar, a segunda ao desligar, mas ambas se associando para nos manter o máximo de tempo possível vivos. A primeira — *Eros* — é a tendência que nos leva à união duradoura com os seres e as coisas. A estabilidade daí resultante nos é indispensável para consolidar nossa unidade física e psíquica, e afirmar nossa auto-imagem. Já a segunda, a pulsão de morte — *Tânatos* — é uma potência de desligamento e de destruição de tudo o que é prejudicial ou caduco, esteja em nosso espírito ou em nosso corpo. Em minha opinião, a pulsão de morte é um impulso positivo e saudável que, apesar desta sinistra palavra "morte", tem acima de tudo o efeito benéfico de nos fazer esquecer os fatos desagradáveis ou ignorar as pessoas que nos são desagradáveis. Corporalmente, a pulsão de morte também é purificadora, por exemplo ao mobilizar os anticorpos quando estamos doentes, ou ao levar o bebê a se desligar naturalmente do seio quando o momento do desmame chegou. Enfim, ela guia também nossas escolhas na estrada da vida. Escolhemos incessantemente, e incessantemente deixamos mil opções possíveis atrás de nós. O caminho que sulcamos no tempo está juncado das ruínas de nossos amores embrionários e de tudo aquilo que poderíamos ter nos tornado. Em suma, a pulsão de morte está em ação todas as vezes em que, para desbravar caminho, devemos afastar as ameaças, nos defender das agressões, renunciar àquilo que devemos naturalmente abandonar, e escolher finalmente o nosso destino.

Em resumo, seja a pulsão de vida que unifica ou a pulsão de morte que destrói no exterior ou saneia no interior, a ação conjugada dessas duas forças antagônicas serve à causa da vida.

Um amigo é aquele com quem me sinto feliz de ser eu mesmo

▸ *Como definir a amizade?*

Diria que é uma das mais belas formas de amor, pois nada é mais vivificante do que uma verdadeira amizade. Agora mesmo eu estava lhe explicando que o amor dos amantes é no fundo uma ilusão, a expectativa freqüentemente jubilosa, às vezes tumultuosa, de uma felicidade vindoura. Lembre-se da fórmula: amar é prometer ao outro o que não possuímos, e dele esperar o que não possui.

Ora, amar por amizade é bem diferente. Amamos o amigo não pelo que ele não tem, mas pelo que ele é, o que ele tem ou fez, e isso nos rejubila. Eis por que afirmo que se o laço amoroso se alimenta de esperança, o laço de amizade se alimenta de presença. Ao passo que o amor é sobretudo a espera de uma doação impossível do amante, a amizade é a acolhida da doação efetiva do amigo.

Entre as inúmeras diferenças entre o amor dos amantes e o amor dos amigos, três me parecem essenciais. Em primeiro lugar, a amizade que liga intimamente a um homem ou a uma mulher é uma relação na qual o sexo não intervém. Decerto, o corpo de meu amigo é algumas vezes objeto de uma viva afeição, quando, por exemplo, depois de uma longa ausência, o aperto calorosamente em meus braços. Mas esse gesto espontâneo de ternura, de modo algum equívoco, permanece isento de qualquer erotismo. A outra diferença em relação ao amor diz respeito à reciprocidade dos sentimentos. Posso estar apaixonado sem ser amado de volta, mas não posso me pretender amigo de uma pessoa que me ignora. Em outras palavras, a amizade é sempre uma simpatia mútua, tanto nos momentos felizes como nos difíceis. Finalmente — última distinção — a amizade não é em nada possessiva; meu amigo pode freqüentar outros amigos, sem que nossa relação se veja ameaçada por isso. E mesmo quando o ciúme dissimulado se imiscui entre nós, raramente é passional.

▸ *Só se compreende de fato a amizade em referência ao amor?*

É verdade, mas esta é uma primeira abordagem cuja vantagem é mostrar claramente as três características próprias do laço de amizade: é não-erotizado, recíproco e não-exclusivo.

▸ *Mas o que dizer então da amizade em si?*

Que é uma alegria! A alegria serena de se sentir existir em contato com um outro que experimenta a mesma sensação. Um verdadeiro amigo o ama tal como você é, e, reciprocamente, você se sente contente por ele ser aquilo que é. O que é um amigo senão aquele que se comunica comigo e a quem comunico a mais densa sensação de ser, a de ser eu mesmo? Evidentemente, uma aliança tão profunda e freqüentemente não expressa só pode ser obra do tempo e da constância dos sentimentos. Assim, só existe amizade sólida tecida pelo fio dos anos, com a superação dos inevitáveis afastamentos, crises e conflitos da vida. Em geral, o laço de amizade precisa de tempo para se confirmar, mesmo que, às vezes, se ate definitivamente num rompante. Mais comumente, a amizade, nasce do acaso, instalando-se pouco a pouco em nossa vida... e depois, certo dia, ficamos todos surpresos e felizes ao descobrir que o outro assumiu um lugar na roda dos seres que nos são queridos.

Acrescento que o amigo autêntico, sempre pronto a responder ao menor dos meus apelos, é aquele que me dá a segurança tácita de que não estou sozinho. Finalmente, o melhor presente que você pode receber de um amigo, afora sua disponibilidade, é a intensidade de sua presença, uma presença que simboliza sua abertura para o mundo.

▸ *O que o senhor pensa daqueles que freqüentemente mudam de amigos?*

Que perderam a felicidade de serem os artesãos de uma amizade. Eles não conhecem o prazer de caminhar a dois, de construir uma relação durável e vê-la desabrochar. Habitualmente, buscamos manter nossos amigos o máximo de tempo possível pois tendemos a conservar os laços que nos fortalecem e a nos estabilizar. Tanto a descoberta do novo nos excita como a conservação do mesmo nos tranqüiliza e nos descansa. Em psicanálise dizemos freqüentemente que a atração pelo já conhecido é mil vezes mais forte do que o apelo do novo. Por quê? Por que no fundo aspiramos a uma tranqüilidade de espírito e a uma estabilidade definitivas. Justamente, um dos primeiros passos em nossa busca de estabilidade é proteger instintivamente nossas relações afetivas e delas extrair um indefinível sentimento de continuidade. Decerto evoluímos, mas para além do tempo que passa insistimos em confirmar regularmente que somos sempre os mesmos e que o essencial de nossa identidade permanece inalterado. Nada mais tranqüilizador!

Ora, estamos certos em dizer que aqueles que mudam freqüentemente de amigos não cultivam muito essa tendência conservadora própria da natureza humana. Seja por suscetibilidade ou por vaidade, os inconstantes se proíbem de viver a experiência única de uma relação segura, tranqüila, fundada na concordância íntima de duas sensibilidades.

▸ *Mas por que essa vaidade dos inconstantes?*

A bem da verdade, mais que de vaidade, trata-se de fuga. Os inconstantes se recusam a se ligar por medo de serem dominados ou, ao contrário, abandonados pelo outro. Temerosos, preferem antecipar a ruptura em lugar de assumir o risco de sofrê-la, rejeitar o amigo antes de serem rejeitados. Em contrapartida, os amigos fiéis passam incólumes por crises em suas amizades, mantendo sempre uma inalterável confiança que lhes proporciona o mais doce dos prazeres, o da despreocupação.

▸ *E o senhor, como elege seus amigos?*

Deixo-me levar por minha intuição e, em geral, tenho sucesso. Tanto é que tenho a sorte de poder contar atualmente com velhos amigos que me confortam no que faço e no que sou. Tudo reside nisto! Ser confortado na imagem de si. A esse propósito, tenho freqüentemente no espírito uma máxima que forjei para mim que me guia há muito tempo: *Um amigo é aquele com quem me sinto feliz de ser eu mesmo.*

Assim sendo, não esqueço que, num círculo de amigos, existem sempre aqueles que nos fazem duvidar de nós mesmos e outros que nos encorajam. E essa diferença é capital, pois somos feitos de tal maneira que favorecemos tudo o que pode consolidar nossa imagem narcísica. Portanto, certos amigos nos fazem bem, na medida em que estimulam o amor de si, ao passo que outros nos fazem mal porque o enfraquecem. Acontece porém de, por medo da solidão ou por covardia, alguns dentre nós — e já passei por isso algumas vezes — aceitarem o amigo que os desdenha, ao passo que deveriam rapidamente deles se afastar. Você entende agora por que a amizade pode igualmente ser definida como o laço em que o amor do outro e o amor de si se identificam. Que o outro queira para mim o que é bom para mim mesmo, eis o sinal incontestável de uma verdadeira amizade.

Não gostaria de terminar sem lembrar o quanto as grandes amizades do passado influíram em nosso destino. Faça a seguinte experiência: evoque os rostos de seus melhores colegas de juventude — meninos ou meninas —, interrogue-os e descobrirá que interferiram em suas escolhas decisivas: fulano me apresentou aquela que se tornaria minha mulher, outra me deu para ler *A interpretação dos sonhos*, e com aquele partilhamos o prazer de pensar. A amizade é isto: um despertar a dois. Um leva o outro a descobrir em si mesmo uma riqueza insuspeitada.

A sós com a criança

Como falar a verdade com seu filho?

▸ *Falemos agora da criança. Que conselhos daria aos pais para melhor se comunicarem com seus filhos?*

Responderei em primeiro lugar que a primeira troca com o filho já aconteceu bem antes de seu nascimento. Para os pais, desejar sua vinda, ficarem felizes por senti-lo mexer-se na barriga da mãe, e ainda mais felizes por vê-lo nascer, isso já é se comunicar com ele e recebê-lo em nosso mundo.

Ora, o conselho mais útil que posso dar aos pais desejosos de melhor dialogar com seu filho é se dirigirem a ele como me dirijo a você neste momento, isto é, considerando-o um verdadeiro interlocutor. É preciso saber que a criança, por menor que seja, perceberá plenamente nossa intenção se lhe falarmos com a firme convicção de que ela compreende o que lhe dizemos. Um recém-nascido, por exemplo, não perceberá a significação de nossas frases, mas captará intuitivamente o essencial de nossa mensagem.

▸ *Mas concretamente como falar com ele?*

É fundamental lhe falar olhando-o bem nos olhos, com palavras autênticas que nos venham espontaneamente do coração.

E se a mãe é estrangeira, que acima de tudo não hesite em lhe falar em sua língua de origem; um bebê não fica absolutamente perturbado pela mistura das culturas.

É preciso também escolher o momento mais favorável e lhe dizer coisas que lhe interessem. Inútil fazer longos discursos! Ao contrário, deve-se empregar poucas palavras, simplesmente pronunciando-as distintamente. Insisto também para que os adultos, ao se dirigirem à criança, estejam convencidos de que ela compreenderá o que estão lhe dizendo. Esta é uma condição essencial para todo diálogo fecundo. Sabemos que as mais belas palavras ficam sufocadas caso sejam ditas sem a certeza de que o outro será afetado. Se um pai, por exemplo, está certo de ser compreendido pelo seu filho, a inflexão de sua voz e a melodia de suas frases serão tão vibrantes que atingirão, ainda mais vibrantes, a alma da criança. Quando uma mãe, de manhã, entrega seu bebê a uma creche e diz para ele: "Agora tenho de ir trabalhar, dona Ana vai cuidar bem de você e venho te buscar de tardinha, às cinco horas", ela lhe dirige uma mensagem clara, verdadeira e tranqüilizadora; tranqüilizadora porque a mãe deixa seu filho com o espírito despreocupado.

➤ *Esta é uma mãe-modelo! Mas o que o bebê sente ao ficar separado da mãe o dia inteiro?*

Sofre, é inegável, mas se a separação é acompanhada de uma palavra oportuna como a dessa mãe que se dá ao trabalho de explicar a nova situação, o sofrimento desaparece, instalando-se uma sensação de segurança que acalma a criança até a crise seguinte de crescimento em que deverá mais uma vez abandonar o conhecido e enfrentar o desconhecido. É então que será preciso acompanhá-la nessa passagem delicada, como em todas as outras que virão, explicando-lhe as dificuldades e as satisfações que a esperam.

▸ *E as mães que não sabem falar?*

Todas as mães sabem falar! Quero dizer, todas as mães que são felizes de sê-lo. O problema não é saber falar, mas ser tranqüilizadora na palavra dita; o problema não vem das palavras, mas da maneira como são ditas. A força de uma palavra não reside no sentido por ela veiculado mas na emoção que a anima; nunca é o verbo que opera, mas a presença que dele emana. Em suma, as palavras permanecem os mais formidáveis amortecedores de uma prova difícil, contanto que sejam plenas de vida.

As 7 crises de crescimento que fazem uma criança se desenvolver

▸ *O senhor falou de "crises de crescimento". O que entende por "crise"?*

O desenvolvimento fisiológico, psicológico e social da criança não segue uma linha uniforme, mas progride por ondas descontínuas, cada uma delas constituindo uma crise de crescimento. Por ocasião de cada crise, a criança sai do conhecido para enfrentar o desconhecido; deixa um estado confortável, mas inadaptado à sua idade, para se lançar à conquista de novos poderes, seja no plano da sensibilidade, da inteligência, da motricidade ou ainda da sociabilidade. Assim, toda crise é um salto para a frente, o salto de um estado anacrônico para um estado novo. Naturalmente, toda criança progride, se estabiliza e às vezes mesmo regride, seguindo um ritmo que lhe é próprio. Um determinado menininho pode, por exemplo, momentaneamente se recusara ir ao penico embora controle perfeitamente seus esfíncteres; prefere então conservar suas fraldas e permanecer bebê.

▸ *Trata-se de uma regressão?*

Sim, uma regressão saudável e necessária que os pais devem respeitar. Pois, uma criança que regride, isto é, que se recusa a superar um obstáculo, é sempre uma criança que não se sente pronta a ir adiante. A melhor maneira de ajudá-la é então antes aceitar seu recuo do que forçá-la a crescer. Chegado o momento, esteja certo disso, ela estará presente ali onde é chamada, sobretudo se sabe que seus pais a compreendem e não se mostram impacientes por vê-la progredir.

Portanto, para uma criança, amadurecer é fazer a experiência renovada de perder e ganhar: perder a segurança de ontem e adquirir uma nova segurança. Podemos esquematizar dizendo que toda crise de crescimento apresenta duas facetas: o que a criança perde e o que a criança ganha, ou ainda: ***O que a criança abandona*** e ***O que a criança conquista***.

No entanto, a esses dois movimentos de renúncia e de conquista, é preciso acrescentar o da sedimentação das aquisições, pois crescer é também acumular os lucros das diferentes provas já superadas. Portanto, para além do que ela perde e do que ganha, existe ***O que a criança conservará sempre***. É assim que se funda a base da personalidade. Em resumo, eu diria que toda crise de crescimento comporta três movimentos simultâneos: *renunciar* ao estado anterior, *conquistar* o estado vindouro e *armazenar* o melhor do passado. Em outras palavras: a criança cresce se separando dolorosamente das pessoas e das coisas caducas; se superando; e conservando suas aquisições essenciais.

▶ *Cronologicamente, quais são as principais crises de crescimento que uma criança deve enfrentar?*

Se você considerar o período que vai do nascimento até o final da adolescência, podemos enumerar sete crises que a criança deverá atravessar para alcançar a idade adulta. Eu as chamei "***As 7 crises que fazem crescer***", cada uma sendo um degrau da escada programada da vida. Na ordem cronológica, essas crises são:

- o **nascimento**
- o **desmame** (de 3 a 6 meses)
- a descoberta da **marcha** e da **linguagem** (de 1 a 3 anos)
- a **primeira escolarização** (entre 2 e 5 anos)
- **descoberta da vida interior** (por volta dos 6-7 anos)
- o **primeiro amor** fora da família (entre 13 e 15 anos)
- a **saída de casa** (entre 18 e 25 anos)

Lembro a você que cada uma dessas crises comporta três tempos: *O que a criança abandona*; *O que a criança conquista*: e *O que a criança conservará sempre.*

Nas páginas que se seguem cada crise de crescimento é representada por um quadro que detalha seus três tempos:

O que a criança abandona	→	**O que a criança conquista**

O que a criança conservará sempre

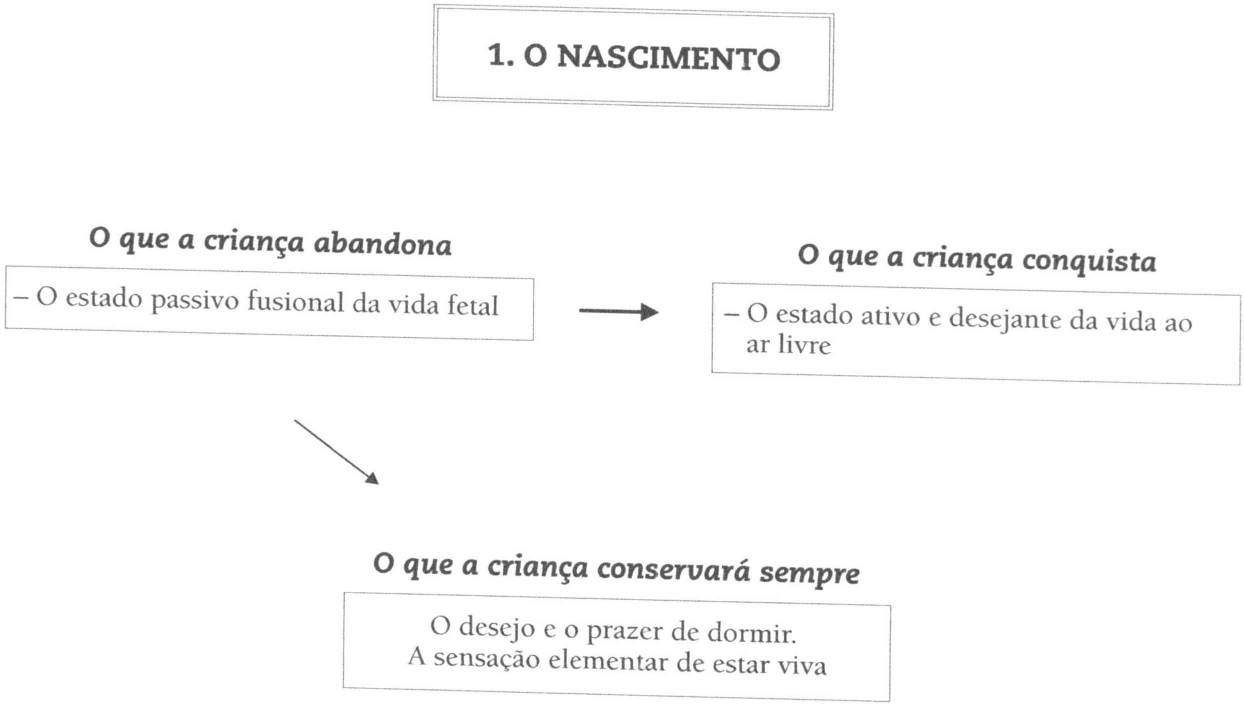
1. O NASCIMENTO
O que a criança abandona
– O estado passivo fusional da vida fetal
O que a criança conquista
– O estado ativo e desejante da vida ao ar livre
O que a criança conservará sempre
O desejo e o prazer de dormir.
A sensação elementar de estar viva

Figura 1

2. O DESMAME
– de 3 a 6 meses –

O que a criança abandona

– O seio da mãe vivenciado pela criança como uma parte de si mesma
– O primado da boca (sucção) para apreender o mundo

O que a criança conquista

– A aptidão a se nutrir de alimentos cada vez mais sólidos que são sentidos pela criança como coisas distintas de si própria
– A boca e a garganta, órgãos sonoros da linguagem: balbucio, depois tagarelice

O que a criança conservará sempre

O desejo e o prazer de sugar

Figura 2

3. A DESCOBERTA DA MARCHA E DA LINGUAGEM – de 1 a 3 anos –

O que a criança abandona

- A locomoção através do "engatinhar"
- O balbucio
- O sentimento de indiferenciação entre si mesma e os outros
- O mundo fechado do par mãe-filho

O que a criança conquista

- A marcha que lhe permite se aproximar e se afastar da mãe
- Suas primeiras frases, seus primeiros "Não!" e seus primeiros "Quero!"
- O poder de controlar seus esfíncteres e o orgulho de dominar seu corpo
- A tomada de consciência da diferença entre si mesma e os outros
- A percepção de sua mãe como uma pessoa independente de si
- O reconhecimento de seu pai como uma pessoa diferente da mãe

O que a criança conservará sempre

O desejo e o prazer de estar em dupla

Figura 3

4. A PRIMEIRA ESCOLARIZAÇÃO
– entre 2 e 5 anos –

O que a criança abandona

- O ninho seguro da família
- A idéia de que seu pai e sua mãe têm o mesmo sexo

O que a criança conquista

- As primeiras trocas fora da família. Os primeiros flertes. O sentido da amizade
- A idéia de que seu pai é um homem e sua mãe, uma mulher
- Seu desejo enquanto menina ou enquanto menino

O que a criança conservará sempre

O sentido da família

Figura 4

5. A DESCOBERTA DA VIDA INTERIOR – por volta dos 6-7 anos –

O que a criança abandona

– A convicção de que seus pais conhecem todos os seus pensamentos
– O impudor e a inocência infantis

→

O que a criança conquista

– A idade da razão e a consciência da morte
– A descoberta da vida interior. Primeiros segredos e primeiras mentiras
– O pudor, a vergonha e a culpa
– O prazer dos devaneios solitários

O que a criança conservará sempre

A inocência, o prazer de se entregar ao outro confiantemente, e a vontade de dividir seu pensamento e suas emoções

Figura 5

6. O PRIMEIRO AMOR FORA DA FAMÍLIA – entre 13 e 15 anos –

O que a criança abandona

– O amor exclusivamente familiar

→

O que o adolescente conquista

– O amor de um parceiro escolhido fora da família
– A descoberta da sexualidade e a afirmação de sua identidade sexual

↘

O que o adolescente conserva de sua infância

A marca indelével do apego aos pais (amor-ódio)

Figura 6

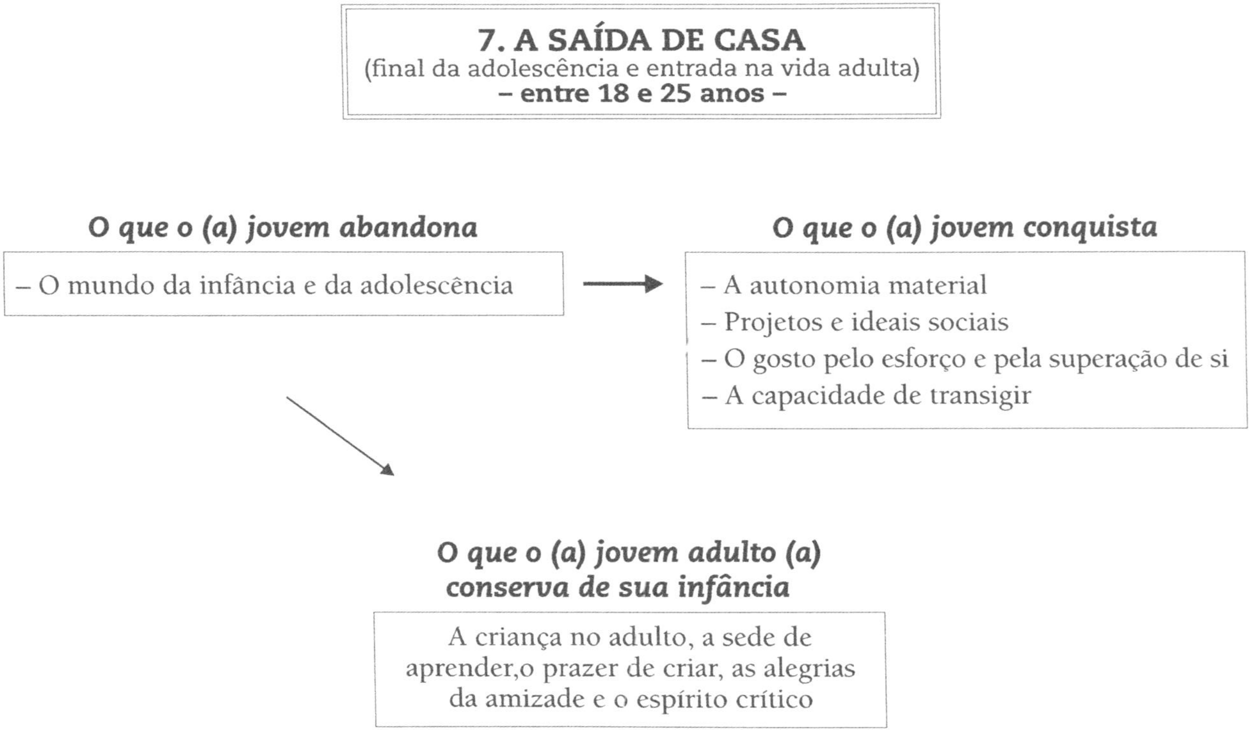
7. A SAÍDA DE CASA
(final da adolescência e entrada na vida adulta)
– entre 18 e 25 anos –
O que o (a) jovem abandona
– O mundo da infância e da adolescência
O que o (a) jovem conquista
– A autonomia material
– Projetos e ideais sociais
– O gosto pelo esforço e pela superação de si
– A capacidade de transigir
O que o (a) jovem adulto (a) conserva de sua infância
A criança no adulto, a sede de aprender,o prazer de criar, as alegrias da amizade e o espírito crítico

Figura 7

Flávio, Luísa...: o primeiro encontro da criança com seu psicanalista

▸ *Ainda a propósito das crianças. Quais os problemas que as levam ao consultório?*

Isso varia muito, mas os motivos mais comuns que levam os pais a recorrer ao psicanalista são os retardos de linguagem, o fracasso escolar, as fobias, os distúrbios do sono e da alimentação, a enurese, bem como os comportamentos agressivos e coléricos.

Esclareço imediatamente que, com certas crianças, nem sempre é necessário empreender uma terapia. Por exemplo, não é porque um menininho de quatro anos sofre de incontinência urinária que é preciso imediatamente recomendar um tratamento. Nessa idade, a incontinência é apenas uma regressão passageira e seria um exagero falar de enurese. Sejamos claros, a análise de uma criança é um procedimento importante que não deve ser empreendido levianamente. Mais vale então se precaver antes de indicá-la. É somente no desfecho da segunda ou terceira entrevista que se pode concluir da necessidade ou não de uma terapia. Se finalmente decidir-se pela análise, farei todo o possível para que seja de curta duração.

▸ *E se a criança se recusa a voltar?*

Isso raramente acontece. Mas quando uma criança não quer se comprometer, tenho como regra nunca forçá-la. A obrigação de vir às sessões seria um erro porque começar uma terapia sem seu pleno acordo resultaria seguramente num fracasso. Eis por que é indispensável que o pequeno paciente esteja verdadeiramente motivado para desencadear um tratamento. No entanto, pode acontecer de uma criança, reticente ao chegar, deixar a primeira sessão com vontade de voltar.

▸ *Suponho que o senhor não utilize o divã com as crianças...*

Não, claro que não! Só proponho o divã aos adultos e a certos adolescentes e, seja quem for, nunca no início do tratamento. Recebo a criança em torno de uma mesinha, verdadeiro canteiro de obras do inconsciente infantil. Com ela, utilizo todos os meios possíveis de troca e de comunicação, tais como o desenho, a pintura, a massinha de modelar, alguns pequenos objetos e, naturalmente, as mímicas e a fala.

Gostaria de me deter aqui numa particularidade de minha maneira de receber o pequeno paciente pela primeira vez. Com efeito, por ocasião da entrevista inicial, nunca faço entrar os pais antes de ter visto a criança sozinha. Ao contrário do que se pratica correntemente, prefiro recebê-la primeiro, e é somente depois de uns vinte minutos de conversa com ela que volto à sala de espera e convido seus pais a se juntarem a nós. Após as primeiras sessões com a criança, recebo a mãe e depois o pai separadamente, uma ou duas vezes; mais tarde, no final do tratamento, revejo-os todos juntos uma última vez para fazer o balanço do trabalho realizado.

▸ *E por que receber a criança sem seus pais?*

Por diversas razões. De um lado, porque gosto que ela se sinta meu interlocutor privilegiado e pressinta que é ela quem detém a chave do problema. De outro lado, sei por experiência que a abertura do primeiro encontro com a criança, e em geral com qualquer outro interlocutor, é um momento precioso em que somos capturados pela força incomparável das primeiras impressões. O impacto inicial é sempre o mais penetrante e indelével. Quantas vezes fiquei emocionado ao encontrar no final de um tratamento, na boca de um analisando, as mesmas palavras conseqüentes do início, ao passo que tantas coisas haviam mudado! Creia-me, o primeiro encontro é, para o clínico, um instante excepcional que não deve ser perdido, pois contém em germe o essencial do que surgirá mais tarde.

A propósito das primeiras vezes, uma pergunta me persegue há bastante tempo. Por que somos tão sensíveis à novidade? O que existe no primeiro contato que nos exalta, nos angustia e nos torna tão permeáveis ao outro? Hoje em dia, penso que a excitação do começo não se explica senão pelo gosto da surpresa e o desejo de eterna juventude. Cada nova relação é no fundo um novo nascimento e, *a fortiori*, o primeiro encontro. Nada é mais vivificante do que o frescor de uma primeira entrevista quando o paciente avança sozinho para o desconhecido e o terapeuta se abre para o inesperado. Cada um deles reúne em si seu passado, se unifica e oferece, no primeiro instante do encontro, sua nova virgindade. Duas inocências selam assim a união: a candura de um sujeito que se entrega, e a curiosidade de um analista que tem tudo a aprender. O que demanda para ser ouvido é tão inocente quanto aquele que se prepara para escutá-lo.

Você compreende agora por que prefiro ignorar qualquer coisa a respeito da criança ao vê-la pela primeira vez. Quando uma mãe me telefona para marcar um encontro, nunca questiono o motivo da consulta. Em contrapartida, dou a maior importância a esse contato telefônico, porque me permite preparar o encontro inicial. Depois de ter marcado uma data, esclareço para a mãe que, quando o menino se interrogar sobre a razão do encontro, ela deverá lhe responder espontaneamente o que pensa. Aconselho também que esclareça para seu filho ou sua filha que "ligou para o doutor Nasio", sempre lhe recomendando que pronuncie claramente meu nome a fim de que a criança o guarde. Peço-lhe ainda que lhe lembre meu nome e a data do encontro duas ou três vezes na semana que precede a consulta, em particular na véspera à noite. Você pode imaginar que, ao me dirigir assim à mãe, conquisto sua confiança, e além disso, a do pai e a da criança. O simples fato de um psicanalista dar por telefone diretrizes tão simples proporciona à mãe a sensação tranqüilizadora de que a criança a partir daí já está entregue a alguém. Quanto ao pequeno paciente, conhecer o nome do analista antes mesmo de encontrá-lo constitui uma entrada direta na transferência. Para uma criança — e para todos os pacientes em geral —, o nome do clínico é fundamental. Considero a transferência um vínculo afetivo com o terapeuta que passa direto pelo impacto do nome próprio. Quando se consulta um analista, é preciso saber que seu nome é o primeiro ancoramento transferencial. A transferência, digamos, é antes de tudo o amor de um nome.

▸ *Concretamente como procede por ocasião de um primeiro encontro com uma criança?*

Vou à sala de espera, cumprimento os pais e, dirigindo-me à criança — por exemplo uma menininha de 3-4 anos —, digo-lhe: "*Bom-dia, Luísa. Entra...*" Invariavelmente, os pais se levantam para acompanhá-la, mas imediatamente intervenho: "*Um momento, por favor! Verei Luísa antes e os receberei em seguida.*" Diante de meu convite, a criança hesita, depois aceita timidamente me seguir. Uma vez no consultório, sem fechar a porta, mostro-lhe o recinto onde trabalho, a mesinha à qual iremos nos sentar um de frente para o outro, o banquinho que ela ocupará e as duas cadeiras preparadas para seus pais. Sento-me na beirada de minha poltrona e peço a Luísa, sempre hesitante, para fechar a porta atrás dela. Finalmente, ela se dirige para a mesinha sobre a qual dispus papéis, pedaços de feltro, massinha de modelar e uma caixa contendo objetos variados tais como tesoura de pontas arredondadas, um apito, bolinhas de gude, um espelho, conchinhas etc.

Convido então Luísa a se sentar e, nada sabendo sobre ela ou sua história, pergunto-lhe:

— *Você sabe o meu nome?*

Algumas vezes a criança faz "não" com a cabeça. Então me apresento:

— *Sou o doutor Nasio*, escrevendo simultaneamente meu nome ao contrário para que ela possa ler, mesmo que ainda não saiba decifrar. Do mesmo modo proponho-lhe que escreva seu nome para mim. Digo-lhe depois:

— *Você sabe o que é que eu faço?*

— *Não sei não*, ela me responde intimidada.

— *Recebo crianças como você, às vezes maiores, às vezes bebês ou pessoas grandes que vêm todas me ver para contar suas inquietações. Sabe o que é uma inquietação?*

Freqüentemente, as respostas são espantosas. Lembro-me de um pequeno de três anos que um dia simplesmente me replicou: "*Estou resfriado...!*" E eu, divertido, tive que lhe esclarecer sorrindo que não era um doutor de resfriados, mas um "doutor de inquietações". Depois de lhe ter explicado que uma inquietação é quando se chora, quando não se está contente ou que se tem medo, emendei:

— *E você, qual é a sua inquietação? Por que está vindo me ver?...*

É assim que se iniciam habitualmente os primeiros intercâmbios com uma criança.

▸ *E depois, o que acontece?*

Gostaria de responder contando-lhe o caso de Flávio, um menino de oito anos recomendado a mim devido a distúrbios do sono. Por ocasião da primeira entrevista, pergunto-lhe em que pensa durante suas insônias e se é assaltado por idéias sombrias. Diz-me que não, e nesse momento, para minha grande surpresa, cai em prantos. Depois de um curto silêncio, interrogo-o:

— *Por que está chorando?*

— *Por que sinto dor aqui* (curiosamente, me mostra a covinha de sua bochecha).

— *O que foi que aconteceu?*

— *Foram Marcos e Karin que me deram um tapa ontem no corredor.*

Pouco a pouco, descubro que Flávio é uma criança deprimida, maltratada por seus colegas de classe, aterrorizado a cada manhã pela idéia de ir à escola. Na verdade, a insônia não passa de uma manifestação secundária de sua tristeza. Depois desse diálogo objetivo, concluo a primeira parte da sessão exprimindo-lhe meu sentimento:

— *Flávio, seu problema não é o sono ruim, é mais o medo de levar uma surra de garotos que não gostam de você; e é isso que deixa você triste. Então, a primeira decisão a tomar é mudar de escola e, caso você queira, vir falar comigo até que se sinta melhor. Agora vou pedir para seu pai e sua mãe entrarem e perguntar-lhes: "Flávio acaba de me explicar por que queria me ver, e os senhores, por que acharam necessário Flávio vir me consultar?"* E prossigo, dirigindo-me sempre à criança: "*Vamos ver o que seus pais vão dizer...*" Assim cria-se entre nós uma cumplicidade espontânea, pois a criança e eu nos tornamos aliados ante a esperada resposta do pai e da mãe.

Vou então buscar os pais na sala de espera e procedo como previsto. Sempre na presença de Flávio, sou informado do motivo da iniciativa deles. Respondem que o problema de seu filho é a dificuldade de pegar no sono, duplicado por uma excessiva timidez. Em suas palavras não transparecem em nenhum momento as verdadeiras causas do sofrimento da criança, a saber, o terror de ser espancada, a depreciação de si e a angústia da escola. No final da entrevista, dou-lhes ciência de minhas conclusões e acerto com Flávio a necessidade de encetar um tratamento.

▸ *E a análise desse menino teve um bom desfecho?*

Teve, muito positivamente, uma vez que Flávio não apenas recuperou o sono mas também se sentiu reconhecido pelos novos colegas em sua nova escola. O tratamento, que durou seis meses, foi marcado por uma sessão decisiva durante a qual a criança fez um desenho que, a meu ver, simbolizava o motivo de sua tristeza. Representava um personagem corpulento com cara de mau e mãos enormes, trazendo na coleira um cachorrinho maltratado. Essa imagem imediatamente me fez compreender que Flávio via a realidade deformada através do prisma de um sentimento não consciente de humilhação. Sentimento que lhe revelei comentando seu desenho com palavras acessíveis.

Observe a propósito que muito freqüentemente as crianças espancadas — mesmo ocasionalmente — desenham homenzinhos com mãos desproporcionais, grandes e fortes como palmatórias. Assim o inconsciente da criança castigada guia sutilmente o lápis para aumentar as mãos, quer dizer, a parte do corpo do outro mais carregada afetivamente.

Digamos desde logo que depois dessa sessão do desenho Flávio se sentiu confortado e que o tratamento entrou em sua fase final. O que aconteceu? Por que os sintomas desapareceram? A criança fez seu desenho logo depois que lhe contei o teor de minha entrevista com seu pai, na véspera da sessão. Entre outras coisas, disse-lhe que seu pai lamentava ter batido nele algumas vezes. Acrescentei que percebera a que ponto seu pai era exigente e o quão pequeno ele, Flávio, devia se sentir diante dele. Foi então que, sem dizer palavra, pôs-se a desenhar o homenzinho e o cachorro.

▸ *Por que o senhor pensou que seu desenho exprimia humilhação?*

Não apenas humilhação, mas, por mais curioso que possa parecer, o *prazer da humilhação*. É essa coexistência da dor e do prazer que chamamos de masoquismo moral do neurótico: mostrar prazer em se sentir humilhado. Sem dúvida Flávio encontrava-se nessa época parasitado em seu inconsciente por uma cena masoquista que lhe fazia crer que não podia ser amado sem ser depreciado por alguém.

Ao observar os dois personagens do desenho, o dono brutal e o cachorrinho maltratado, compreendi que o menino estava sob a influência de uma cena mental não-consciente que o fazia ver o mundo como um mundo cruel onde as vítimas detestam e amam seus carrascos. Tendo identificado Flávio com o cachorrinho infeliz do desenho, *senti* que aquele garoto confundia o prazer de ser amado e a dor de ser desprezado. Destaco a palavra "senti" porque percebi por identificação com o personagem "Flávio-cachorrinho" o que era o prazer da humilhação. Por assim dizer, ouvi ressoar em mim as lágrimas queixosas mas também compadecidas do Flávio humilhado. Depois, ao me dirigir a ele, tentei verbalizar nos termos mais acessíveis possíveis essa emoção, mistura de prazer e de dor.

▸ *O que o senhor lhe disse?*

Fiz-lhe observar que o cachorro mantido na coleira devia se sentir protegido, mesmo com seu dono parecendo se aborrecer muitas vezes com ele. Ele me confirmou que, de fato, o dono o fazia sofrer, mas que o cachorro gostava muito dele assim mesmo. Ora, o diálogo prosseguiu desse jeito até que Flávio descobrisse por si mesmo o quanto ser amado significava para ele ser maltratado, fosse por seu pai ou por seus colegas. Como lhe disse ainda há pouco, o tratamento terminou pouco depois dessa sessão do desenho. Penso que a tomada de consciência por parte de Flávio de sua atitude ambivalente o libertou de sua fantasia masoquista.

Gostaria de acrescentar que, se minha intervenção teve efeitos positivos, foi certamente porque a criança ao desenhar abriu a porta de seu inconsciente e me mostrou, em toda inocência, a projeção gráfica de sua fantasia masoquista. É preciso saber que todos os nossos pacientes, crianças e adultos, têm uma atuação decisiva no caminho de sua cura. Um progresso realizado no tratamento é sempre um passo compartilhado entre o analisando e o analista. Um deixa aflorar seu inconsciente, ou outro o pega no vôo e o traduz em palavras. Veja bem, se Flávio não tivesse feito esse desenho, ou seja, se não tivesse colocado em imagens seu inconsciente, eu jamais teria compreendido que o desejo mórbido desse garoto era se deixar humilhar para se sentir amado.

No entanto, minha compreensão intelectual do desenho teria sido incompleta sem minha compreensão emocional. Como eu lhe dizia, foi graças à minha identificação ao personagem "Flávio-cachorrinho humilhado" que pude experimentar sua vivência masoquista e exprimi-la em palavras. De fato, não *vi* o personagem compósito "Flávio-cachorrinho humilhado" — uma vez que só o cachorro estava desenhado — mas *me senti no corpo desse personagem que imaginei.*

Você pode avaliar o quanto a *identificação emocional* é para o analista uma operação psíquica difícil; ela permite ao clínico experiente perceber nele mesmo os sentimentos inconscientes do paciente. Lembre-se de nossa metáfora dos mergulhadores do *Grand Bleu*. Para o terapeuta, a identificação de que falo não significa se colocar no lugar da criança real sentada diante dele, mas se colocar na pele da criança por ele imaginada. Imaginada, naturalmente, a partir não de um devaneio pessoal, mas de tudo o que ele sabe da história do pequeno paciente. Para concluir, diria que o psicanalista é o intermediário entre a *criança imaginada* em seu espírito e a *criança real* da sessão. Assim, esforço-me para ser a ponte que liga um ao outro, o mensageiro que conta à criança presente na sessão o que aprendi da criança inconsciente. Digo sempre comigo que o psicanalista é um *dizedor do inconsciente.*

Elogio do esgotamento

O charme de Albertina

▸ *Agora falemos um pouco do senhor. Como nasceu sua vocação de psicanalista?*

Passei minha juventude na Argentina, mergulhado no universo da medicina e dos livros. Meu pai era um gastroenterologista reputado que consagrou toda sua vida à pesquisa científica e à elaboração de obras tanto médicas como literárias. Era um humanista e um clínico apaixonado pelo trabalho com seus doentes. A esse propósito, gostaria de lhe contar uma lembrança de infância que me é cara. Quando eu tinha quase doze anos, meu pai se habituou a me levar ao hospital para "assisti-lo" em suas consultas. Eu enfiava uma camisa branca e ficava junto dos pacientes quando passavam por exames muitas vezes muito dolorosos. O mais horrível de todos era certamente a esofagoscopia. Para um doente, suportar a introdução no esôfago de um grosso tubo metálico de vinte centímetros de comprimento é, sem dúvida, uma experiência penosa. Lembro-me de que meu pai, antes de começar a intervenção e para atenuar a atmosfera, dizia ao doente: "Senhor, apresento-lhe meu filho Juan-David, futuro médico, que hoje vai acompanhá-lo. Agora, peço-lhe por favor que relaxe e respire profundamente." Durante a intubação, aproximava-me do doente e tentava reconfortá-lo. Atualmente, vejo nesse gesto de apoio o esboço do psicanalista que eu ia me tornar.

Alguns anos mais tarde, como pressentira meu pai, iniciava meus estudos médicos. Uma vez médico, especializei-me em psiquiatria, depois decidi vir para a França, com o objetivo de aprofundar meu conhecimento da cultura francesa e estudar a psicanálise lacaniana. Cheguei portanto em Paris em 1969 para aqui me instalar definitivamente.

▸ *Foi então que o senhor encontrou Lacan pela primeira vez?*

Foi. Guardo uma lembrança bem nítida de meu primeiro encontro com Lacan. Eu era jovem e estava intimidado, falava francês com dificuldade, mas me sentia levado pelo sentimento exaltado de viver um sonho e conhecer enfim aquele que, na época, encarnava o futuro da psicanálise. Diante de mim, estava a figura imponente de um homem que simbolizava o saber, o poder e a força de criar.

▸ *Como era Lacan?*

Mostrava, como sempre, um extremo cuidado com sua pessoa, com seus cabelos grisalhos impecavelmente penteados para trás, sua camisa branca com o indefectível colarinho Mao e sua roupa insólita de reflexos cambiantes, roxos e amarelos. Mas, para além de seu capricho, sinto ainda o poder de seu olhar ao mesmo tempo distante e penetrante. Lembro-me em particular de seu sorriso de satisfação quando soube que eu acabava de me formar em sua Escola graças a uma bolsa proporcionada pela Embaixada da França na Argentina. Estava surpreso e encantado de saber que o governo francês reconhecia oficialmente seu ensino a ponto de financiar os estudos em Paris de um jovem psiquiatra estrangeiro.

► *O senhor se tornou seu paciente em seguida?*

Não. Não era seu paciente, mas um aluno assíduo. Tive a sorte de conviver com ele privadamente diversas vezes durante o ano em que revimos juntos a primeira edição em espanhol de seus *Escritos*. Ele não gostara da tradução e queria que um psicanalista hispanófono e que tivesse familiaridade com seu pensamento a corrigisse. Nossos encontros de trabalho aconteciam à noite depois de suas consultas, num dos restaurantes do 7e arrondissement de que era um dos freqüentadores, e algumas vezes, domingo pela manhã, em Guitrancourt, em sua casa de campo. Tive assim o raro privilégio de esclarecer diretamente com o mestre muitas passagens obscuras de seu livro. Confesso que nesse clima de intimidade intelectual aconteceu-me de multiplicar conscientemente minhas perguntas e levá-lo a explicitar inúmeras alusões que, para o leitor comum dos *Escritos*, permaneciam enigmáticas.

Mais tarde, uma vez integrado na comunidade dos alunos próximos, fui levado a estabelecer com ele uma relação mais formal. Assim, durante sete anos, deslocava-me toda semana para a rue de Lille para lhe submeter meu trabalho com os pacientes.

▸ *Vocês só falavam de sua atividade clínica?*

Não. Algumas vezes nossas conversas diziam respeito a um problema conceitual freqüentemente ligado à minha clínica. Mas fosse a propósito de pacientes ou a propósito de teoria, nunca esquecerei a riqueza dessas sessões de supervisão. Assim sendo, a experiência mais inesquecível que me foi dada viver ao longo desses anos teve lugar numa terça-feira do mês de maio de 1979. Naquele dia, tive a honra, rara na época, de ser convidado por Lacan a pronunciar, diante do imenso auditório de seu Seminário, uma conferência sobre um tema com o qual o entretivera alguns meses antes. Nunca imaginei que seu interesse pelo meu trabalho o levaria a me propor a fazer uma palestra pública. Tudo aconteceu em 24 horas. Na segunda de manhã, chegando à minha sessão de controle, só ouvi uma frase: "Nasio, amanhã, terça-feira, você fará meu Seminário!" Você pode imaginar como fiquei aturdido! Depois de aceitar, deixei o prédio da rue de Lille e cancelei imediatamente todas as atividades daquele dia para trabalhar sem ser interrompido na redação de um texto que continua sendo, para mim, um dos mais inspirados que já escrevi.

▸ *A propósito de escrita, como o senhor vive sua cultura dupla de argentino e de francês?*

Como qualquer um, sou o produto dos inumeráveis enxertos que, ao longo dos anos, forjaram minha unidade. Nem você, nem eu escapamos da regra soberana: somos todos seres compósitos que nascemos "um"e morremos "múltiplos". É claro que todo homem é uma singularidade individual, mas sua alma é plural. Pessoalmente, um dos enxertos que me constitui é justamente a língua francesa. Uma língua que não cesso de moldar como uma argila viva e cujo sopro escande meu pensamento, modela minha escrita e afina minha escuta de psicanalista.

Estou convencido de que a fusão de duas culturas é um formidável estimulante para a reflexão, e o bilingüismo uma oportunidade para quem o pratica. Por quê? Porque a luta permanente para conquistar a língua de adoção é um excelente exercício de dissociação e de reunificação de si que o torna mais maleável e aberto.

▸ *E sua língua materna?*

Moro em Paris, falo, escrevo e até sonho em francês, mas o ritmo de minhas idéias, as entonações e as vibrações de minha voz são profundamente argentinos. Diria que sou argentino pelo ritmo e francês pelo espírito. Isso pode lhe parecer surpreendente, mas observei freqüentemente que minhas inflexões e os acentos de minha voz decidiam acerca das palavras empregadas. Não penso e escrevo senão com as palavras que posso pronunciar. De fato, esta é uma observação válida para todos: nós só falamos e escrevemos as frases que concordam com o timbre de nossa voz. Sempre me perguntei, por exemplo, que voz tinha Verlaine para imprimir a seus versos sua melodia nostálgica tão particular. Eu poderia até generalizar e dizer que, para além da voz, escrevemos apenas as frases moduladas pelas ressonâncias de nosso corpo. Pegue o caso do espanhol ou do italiano, línguas que pratico, e verá o quanto sua música pede uma participação franca e direta do corpo.

Como a maior parte dos latinos, sou muito gestual e me mexo bastante falando. Acontece-me inclusive de escrever andando. Foi passeando pelos jardins do Hospital Sainte-Anne que redigi em 1970 meu primeiro texto publicado em francês: "Metáfora e falo". Eu rodava em torno de um canteiro de flores até que as palavras me viessem. Então subia rapidamente os degraus da biblioteca para deitar a frase no papel e descia de novo imediatamente para o jardim a fim de buscar novamente a inspiração. Entre a biblioteca em cima, cheia da alma de nossos mestres, e o parque em baixo onde eu cruzava com doentes freqüentemente, aprendia a escrever em francês e a refletir sobre Freud.

▸ *E hoje em dia, o velho mestre ainda o inspira?*

Totalmente! A leitura de Freud permanece para mim uma descoberta permanente duplicada por um verdadeiro prazer, o de ouvi-lo refletir como se estivesse sentado a seu lado. Quando lemos um texto freudiano, nós o compreendemos e nos cremos o único destinatário de sua mensagem. As frases reverberam tão forte em nós que revelam o que somos. A conivência entre um escritor que revela e um leitor que se sente desnudado é uma experiência excepcional. Em suma, o prazer de ler Freud é o prazer de se sentir inteligente e mais lúcido a respeito de si mesmo. É nisto que Freud é atual, porque vibra em nós e nos torna vivos. Precisamente, a arte de nos fazer ter acesso a nós mesmos, essa vitalidade que Freud insufla em nós pela pertinência e o requinte de seu pensamento — tudo isso faz dele um autor resolutamente moderno. O dia em que essa centelha se extinguir, os textos freudianos se tornarão obsoletos e não passarão de uma espécie de bíblia sacralizada e morta.

▸ *Quando o senhor ouviu falar de Freud pela primeira vez?*

Ah! guardo uma lembrança bem viva de meu primeiro contato com as idéias freudianas. Jovem estudante de medicina, passei um dia na porta de um anfiteatro lotado, e, curioso de saber o que se dizia ali, sentei-me nas últimas fileiras. Imediatamente, como se tivesse sido picado por uma agulha, fui subjugado pela eloqüência de um professor que ensinava psicanálise. Depois, esqueci. Muitos anos mais tarde, soube que esse professor era Angel Garma, um dos maiores psicanalistas da época. Meu encontro inicial com a psicanálise foi então marcado pela palavra de alguém que ensinava. E eis-me atualmente, por minha vez, ensinando...

▸ *Com o mesmo ardor que esse professor?*

Assim espero! Ensinar é para mim um verdadeiro prazer, e esse prazer desempenha um papel decisivo na transmissão do saber. Sei que todo homem apaixonado apaixona! Freqüentemente, meu entusiasmo estimula o ouvinte e o conforta em sua vontade de aprender, a qual, em contrapartida, fortalece meu próprio entusiasmo.

Ao ensinar, esforço-me para ser claro, isto é, ensinar ao outro o que já existe nele em estado embrionário. Ensinar com clareza é traduzir em palavras a idéia nascente no aluno, fazê-lo tomar consciência dela, e dar-lhe os meios de desenvolvê-la. Eis por que uma idéia claramente exposta dá sempre a impressão de ser evidente. Quantas vezes, no final do curso de um bom pedagogo, ficamos encantados ao constatar que o que acabamos de ouvir já o sabíamos... sem as palavras para dizê-lo. É dessa clareza que precisamos, porque ela nos proporciona a felicidade de compreender e nos encoraja a pensar.

Observe que a arte do professor de fazer desabrochar o conhecimento de seus alunos lembra o gesto do psicanalista quando interpreta as palavras de seu analisando. O que é uma interpretação senão a intervenção do terapeuta que revela o conflito encoberto do paciente? Se ensinar é nomear o conhecimento latente do estudante, interpretar é nomear o conflito inconsciente sofrido pelo analisando. Apesar de suas diferenças, é fácil aceitar a espantosa afinidade entre o ato de ensinar e o ato analítico.

Mas para ser mais claro, sempre tive a preocupação de apresentar meu trabalho de maneira a estimular a imaginação do ouvinte. Tento personificar as idéias e fazê-las desempenhar os diferentes papéis de uma ficção científica. Quando estudo um conceito, eu o vejo nascer, crescer, abrir-se a outros conceitos e, tal como um personagem, me contar seu nascimento, sua filiação e sua história. É assim que concebo um texto teórico: ele deve mostrar o ritmo e as palpitações do conceito, suas súbitas rupturas, suas torções e seus paradoxos. Esse tipo de transmissão que antropomorfiza uma entidade abstrata e leva espontaneamente o ouvinte a se apropriar dela com sua imaginação, eu o chamei: "*Teatralizar um conceito*".

Reconheço ser bastante visual na abordagem da teoria, e às vezes não hesito em colocar em cena as noções mais formais. Ocorre-me inclusive, quando tenho de explicar uma idéia difícil no contexto de meu Seminário, de fazer uma mímica dela juntando o gesto à palavra.

▸ *Por exemplo?*

Recentemente, quando expunha o conceito de "clivagem do eu", me surpreendi ilustrando-o por um gesto típico do esquizofrênico, que, em fase de despersonalização, sofre tal clivagem. Enquanto falava, reproduzia maquinalmente a atitude corporal que tantas vezes observei no psicótico: aproximar lentamente uma das mãos dos olhos, fazê-la girar e olhá-la fixamente se perguntando ao mesmo tempo, angustiado, se essa mão estranha é de fato a sua. As perguntas e reações dos ouvintes me confirmaram que a mímica da despersonalização lhes havia facilitado imensamente o acesso a uma noção tão complexa como a de "clivagem do eu".

Mas fora de meu Seminário, quando, sentado à minha mesa de trabalho, devo aprofundar um tema abstrato, a mesma necessidade de dramatizar se impõe a mim e, tal como um encenador, tento teatralizar o conceito criando o suspense de uma trama que se ata, culmina e desata.

▸ *Que gênero de trama?*

Tomemos o caso de uma das noções mais difíceis de Jacques Lacan, a do "*objeto pequeno* a". Concretamente, o que é o objeto pequeno *a*? Suponhamos a seguinte cena. Um homem nos confia:

— *Estou loucamente apaixonado por Albertina.*

Nós então lhe perguntamos:

— *Mas o que tem ela de tão irresistível? É seu físico?*

— *Provavelmente.*

— *Sua inteligência?*

— *Certamente.*

— *Mas diga-me, quem é Albertina para você?*

— *Mas é a mulher que amo apaixonadamente!*

— *Sim, mas, precisamente, o que o atrai tanto nela?*

— *Mas já lhe disse, amo seu corpo, sua sensibilidade, seu talento... Ah! Amo também que ela seja professora de piano...*

— *E daí?, insistimos.*

— *E daí a amo... Escute, não sei. Não me faça tantas perguntas! Eu a amo, e ponto final! Há nela um não-sei-quê que me seduz e cativa.*

Pois bem, o objeto pequeno *a* é justamente o que fascina e deslumbra o amante. É a graça que emana de Albertina. O objeto pequeno *a* é... Para me fazer compreender melhor, empregarei uma palavra comum, "charme", o charme do amado. Mas o que é o charme? Lembro-me aqui de um admirável texto de Platão, *Cármides ou sobre a sabedoria moral*. É um dos mais belos escritos do grande filósofo no qual intervém o personagem Cármides, rapaz cuja beleza delicada perturba Sócrates. Ao ler esse texto, sempre pensei na perplexidade do velho mestre — porém pouco inclinado à emoção — em contato com o terno Cármides. Imagino Sócrates se perguntar em silêncio: "*Mas por que ele me excita tanto? Por que fico tão perturbado quando esse garoto se aproxima? Será sua beleza, sua vivacidade de espírito ou simplesmente sua presença? O que é uma presença?*" Nós respondemos: é o charme. Mas o que é o charme? O que é esse fluxo envolvente que emana de um ser e nos arrebata? O arrebatamento é um rapto de sedução, a violência do amor. O amante apaixonado se sente subitamente arrancado de si mesmo, despojado de sua liberdade e submetido ao sortilégio do amado. Ora, como explicar o mistério do charme? Pois bem, somos incapazes disso. Sem negar a dificuldade, Lacan teria nomeado a magia do charme: "objeto pequeno *a*". O objeto *a* é portanto o nome dado à presença indizível e inebriante do amado, aquele que, em meu coração, o torna insubstituível.

Definitivamente, o que é o objeto pequeno *a*? O objeto pequeno *a* é a essência do amado. Não é *o corpo* do amado, não é a *imagem* do amado, nem mesmo *o que ele representa*. É tudo isso e mais que isso. É a sua irresistível presença que, como um turbilhão, me aspira e me carrega. O objeto pequeno *a* é um oco, uma falta, é o outro enquanto falta que convoca meu desejo. Chame-se Cármides ou Albertina, o amado é para o amante o objeto a ser sempre conquistado.

Eis uma curta encenação improvisada para teatralizar uma das noções psicanalíticas mais sutis, cuja significação profunda espero ter feito você sentir, a de definir o outro que amamos como a falta que atiça nosso desejo.

► *O senhor aplicaria o mesmo método a um conceito freudiano?*

Tentemos. Tomemos por exemplo a maneira como Freud concebe o funcionamento da via mental. Lembre-se de que, segundo ele, nosso psiquismo é governado pela coabitação de dois grupos de forças antagônicas. Um primeiro grupo tende permanentemente a se exteriorizar — são as pulsões do Isso —, enquanto um outro grupo se opõe firmemente — são as tendências do Eu que exercem a função de censura. Talvez você tenha visto na televisão uma inserção publicitária mostrando um homem que faz tudo o que lhe passa pela cabeça: corre pela rua, beija na boca uma mulher desconhecida que está discutindo com seu namorado, depois se despe e mergulha numa fonte.

Pois bem, eis o que ninguém nunca ousaria fazer, salvo trate-se de um demente: se entregar sem nenhuma contenção a suas pulsões mais primitivas. As pulsões selvagens são contrabalançadas pelas tendências sensatas do Eu consciente. Ora, ocorre de algumas vezes certas pulsões primitivas vencerem a barragem da censura, enquanto outras fracassam e permanecem presas. O funcionamento da vida mental — e é nisso que aplico o método da teatralização — pode ser resumido em quatro grandes movimentos: *o que empurra*, *o que freia*, *o que passa* e *o que permanece*. *O que empurra* são todas as pulsões primitivas do Isso; *o que freia* é a barragem do recalcamento erguida pelo Eu; *o que passa* são algumas pulsões primitivas que atravessam essa barreira e conseguem se exteriorizar; e, finalmente, *o que resta* são as outras pulsões igualmente primitivas que, impedidas de sair, fervilham no inconsciente. Temos aí a guerra entre as pulsões primitivas e as pulsões do Eu, guerra imaginável todas as vezes que você aborda a dinâmica do psiquismo humano.

▸ *E o que dizem hoje os neurocientistas sobre a abordagem psicanalítica do psiquismo?*

Atualmente existe uma espantosa proximidade entre a psicanálise e as neurociências. Numerosas afirmações neurocientíficas lembram as proposições freudianas, ao ponto de certos pesquisadores evocarem um "inconsciente neuronal" e outros confirmarem mais particularmente o mecanismo do recalcamento. Penso também em neurobiólogos como J.P. Changeux ou A.R. Damasio que localizam no neurônio o que poderíamos chamar de uma representação. Changeux fala de "imagens armazenadas", que chama de "objetos mentais", e por sua vez Damasio introduz a expressão "representação potencial" para designar a capacidade do neurônio de produzir uma lembrança. O surgimento de uma lembrança dolorosa, por exemplo, resultaria da reativação da representação potencial. A representação potencial não designa um elemento intraneuronal, mas antes uma rede interneuronal em vigília, à espera de ser reativada. Ora, é espantoso que Damasio tenha escolhido a palavra "representação", vocábulo tirado da psicologia do século XIX, retomado por Freud e desde sempre utilizado pelos psicanalistas. Sem entrar na complexidade da definição psicanalítica do conceito de "representação", uma afinidade evidente liga a noção freudiana de "representação inconsciente suscetível de se tornar consciente" e aquela, neurobiológica, de "representação potencial suscetível de se tornar memória". Independentemente das particularidades de cada uma dessas noções, não podemos deixar de nos emocionar ao ver o fundador da psicanálise dialogar, fora do tempo e das modas, com os cientistas do ano 2002.

▸ *E a que dizem respeito suas próprias pesquisas atualmente?*

Atenho-me muito especialmente a uma proposta enunciada em 1978, mas que permanece sempre aberta ao debate, a de um *inconsciente acontecimental* [événementiel], *produzido e único*. O que isso significa? Em primeiro lugar que o inconsciente não existe a todo instante; só aparece em momentos privilegiados, momentos do tratamento em que se dão acontecimentos singulares, quero dizer quando o analisando ou o analista sente uma emoção vivíssima e deixa escapar uma palavra ou um gesto que o surpreende. O inconsciente é portanto um inconsciente *acontecimental*, isto é, não existe inconsciente nem antes nem depois, mas durante o acontecimento; o inconsciente é intrínseco ao acontecimento. O que implica, e é esta a segunda característica, que nunca o inconsciente já está lá, todo pronto, preexistente ao ato, mas intrínseco ao ato. Está presente naquele lapso, naquele sonho ou naquela outra manifestação involuntária do paciente ou do psicanalista. Contrariamente a uma idéia feita, o inconsciente não é o reservatório da alma, mas sim uma centelha que brota em instantes cruciais do diálogo analítico. A terceira característica, enfim, diz respeito à notável mobilidade do inconsciente. Ele pode encontrar sua fonte em uma pessoa e se manifestar em outra. Assim, já formulei que *o analista sonha alto o que o paciente recalca em silêncio*, ou mais exatamente que *o analista percebe em si mesmo, em seu próprio psiquismo, as emoções recalcadas de seu analisando*. Por esta razão, afirmo que o inconsciente não é individual, mas comum aos parceiros da análise. Não existe um inconsciente próprio do psicanalista e outro próprio do analisando, mas um *único* e *exclusivo* inconsciente que, produzido por ocasião de um acontecimento ocorrido no curso da sessão, encarna o *entre-dois* do encontro analítico.

Você poderia achar contraditória essa hipótese de um *inconsciente único* comum aos dois parceiros, e aquela que formulei em nossa primeira conversa, segundo a qual o analista — mergulhador mental — trabalha com o instrumento de *seu próprio inconsciente* (o que chamei "inconsciente instrumental"). Mas essa contradição é apenas aparente, pois foi preciso num primeiro tempo que o analista engajasse seu próprio inconsciente — inconsciente instrumental — para se fundir em uma união íntima com o inconsciente do paciente. Quando um analista percebe com seu inconsciente a emoção recalcada do paciente e a traduz em palavras, está de tal maneira imerso no psiquismo de seu analisando que a fronteira entre o inconsciente de um e o inconsciente do outro torna-se tênue. Definitivamente, o inconsciente é, a meu ver, uma *instância acontecimental* e *co-produzida* pelos protagonistas do diálogo analítico.

A outra tese que me parece contribuir para uma melhor compreensão de certos sintomas rebeldes à ação terapêutica da psicanálise — todas as passagens ao ato compulsivas, certas doenças psicossomáticas, a toxicomania ou ainda as alucinações — é a das "*formações do gozo*". Enquanto as manifestações do inconsciente (lapsos, atos falhos, sonhos etc.) são todos simbolizáveis, isto é, exprimíveis em palavras, as manifestações ou formações do gozo são feitas de emoções puras, não simbolizáveis, intraduzíveis em palavras. Quando um psicanalista se vê confrontado, por exemplo, com um paciente que sofre de distúrbios somáticos graves de causas essencialmente psicológicas, sente-se desarmado diante da densidade de um sofrimento tão irredutível. Justamente, minha hipótese das formações do gozo é uma tentativa de reunir em uma categoria única as diferentes manifestações patológicas caracterizadas pela irrupção maciça dessa emoção petrificada que Lacan teria chamado de "gozo". Desenvolvi em vários trabalhos os traços comuns a todas essas formações a fim de conhecê-las melhor e definir a atitude terapêutica mais adequada para tratar eficazmente sintomas tão resistentes à análise.

Minha terceira tese, freqüentemente considerada pelos clínicos que cuidam de pacientes cujos sintomas são intermediários entre a psicose e a neurose, é a da "*foraclusão local*". Este é um conceito oriundo de uma constatação clínica que todo analista pode estabelecer. Com mais freqüência, um distúrbio psicótico como, por exemplo, um acesso delirante ou uma alucinação, ocorre em pacientes neuróticos que, apesar da gravidade de tal distúrbio, não são vítimas de uma estrutura psicótica; e, ao contrário, pacientes diagnosticados como psicóticos apresentam, fora de um delírio circunscrito, comportamentos absolutamente normais. Penso aqui naquele rapaz de passado doloroso marcado por tentativas de suicídio, episódios delirantes e diversas hospitalizações que, no entanto, me conta sua história com bastante bom senso e lucidez. Este caso entre outros me levou a pensar que a foraclusão, mecanismo principal na origem da psicose, se desencadeia numa zona psíquica bem delimitada e não perturba senão uma única faceta da vida do sujeito.

▸ *Antes de prosseguir, pode me explicar o que é a foraclusão?*

Isso não é fácil, pois é um termo técnico que necessitaria de um longo desenvolvimento. Em resumo, a palavra "foraclusão", originária do vocabulário jurídico, foi proposta por Lacan a fim de nomear uma fratura psíquica na origem dos estados psicóticos. Para compreender efetivamente em que consiste a *foraclusão*, é preciso compará-la com o simples recalcamento da neurose. Ambos, *recalcamento* e *foraclusão*, são defesas destinadas a enfrentar seja um fato penoso, no caso do recalcamento, seja um choque traumático, no caso da foraclusão. Recalcar um fato angustiante significa esquecê-lo. Em geral, é a atitude que adotamos todos para amortecer os golpes da vida. Ao passo que, para o futuro psicótico, foracluir um choque traumático significa um objetivo de não-obedecer, nada querer saber nem sofrer da violência da agressão. É uma rejeição radical de admitir o trauma e de sentir sua dor. Ora, uma rejeição tão absoluta da realidade tem um preço alto. Desencadeia inexoravelmente abalos sísmicos que fraturam o psiquismo. Diferente do recalcamento que é um mecanismo de defesa normal, a defesa foraclusiva é de tal modo brutal que provoca uma falha no Eu. Quando uma pessoa foraclui um trauma insustentável, logo se produz um branco, um aberto mental que desorganiza o sistema psíquico e instala a psicose. A maioria dos sintomas psicóticos, como o delírio, a alucinação e mesmo o suicídio, são tentativas desesperadas do Eu de colmatar a brecha aberta pela violência da foraclusão. Veja que, incapaz de aceitar a dor do trauma, o Eu se dilacera. Em suma, *recalcar* quer dizer admitir a situação dolorosa e depois esquecê-la, ao passo que, ao contrário, *foracluir* quer dizer escotomizar o trauma, a ponto de se tornar psicótico, mesmo localmente. É verdade que as hipóteses psicanalíticas e neurocientíficas sobre a origem da doença mental são numerosas, mas a da foraclusão — verdadeira cegueira psíquica — é, a meu ver, uma das mais pertinentes para resolver o enigma das psicoses e melhorar seu tratamento.

▸ *Por que o senhor qualifica a foraclusão de "local"?*

Antes de responder, preciso estabelecer um pressuposto. Postulo com efeito que todo indivíduo é uma pluralidade de personalidades psíquicas, isto é, uma multiplicidade de estados subjetivos, saudáveis e doentes, coexistentes nele. Como eu lhe dizia agora mesmo, acreditamos que somos "um" mas, na verdade, somos "vários". Ora, cada uma dessas personalidades, ou, se preferir, cada um desses estados subjetivos é em si uma cena imaginária, em geral inconsciente, composta de pelo menos dois personagens e cujo roteiro se organiza em torno de uma emoção intensa. Assim, o psiquismo global de um indivíduo poderia ser concebido como um sistema folheado, uma espécie de mil-folhas elevado em uma multiplicidade de planos superpostos. Se eu tivesse de descrever meu espaço mental, diria: *Sou uma pluralidade de cenas fantasiadas, o mais das vezes normais, às vezes patológicas, empilhadas e ligadas entre si por um fio invisível que sela minha unidade*. Essa teoria do *sujeito folheado* me permitiu explicar que um psicótico grave, por exemplo, pudesse conservar regiões saudáveis em seu psiquismo; ou, ao contrário, que um indivíduo perfeitamente normal em suas relações cotidianas pudesse ficar circunstancialmente psicótico, isto é, localmente perturbado quando sob o domínio de uma cena fantasiada patógena. Estou convencido de que, sem afetar em nada nosso equilíbrio, todos nós carregamos um grão de loucura, temos todos uma loucura local que ignoramos. Ela se manifesta não por um comportamento extravagante e bizarro, mas sob a forma discreta de um comportamento ilógico, rígido, peremptório e repetitivo, que estimamos no entanto perfeitamente legítimo.

Isso mostra que a foraclusão atinge apenas uma das folhas, um dos planos que estruturam o sujeito. O plano danificado pode então ou acarretar o desmoronamento total da pessoa — e estamos portanto em presença de uma psicose —; ou respeitar o equilíbrio da estrutura psíquica — e estamos em presença de um indivíduo saudável mas sutilmente delirante em um canto de sua vida. É preciso acrescentar que esse delírio discreto assume algumas vezes a forma de uma paixão criativa sem a qual nenhuma grande obra poderia surgir.

▸ *Suas idéias dão seqüência aos pensamentos de Freud e de Lacan?*

Sim, de Freud, de Lacan e de outros mestres que tornei meus. O avanço de um pesquisador, qualquer que seja seu domínio, resulta sempre dos trabalhos de seus predecessores e da influência de sua época. Seguramente, não existe pesquisa senão inscrita em uma filiação. Assim, meu trabalho retoma a herança que meus mestres me transmitiram. Digo freqüentemente que a transmissão de uma ciência ou de uma arte é um caminho em três tempos: adquirir, esquecer e recriar. Começa com a aquisição do saber ensinado pelos mais velhos, prossegue com o esquecimento, e se conclui com a recriação desse mesmo saber. Receber uma transmissão é nunca repetir o idêntico, mas reinventar um saber aprendido. Naturalmente, essa reinvenção é o desfecho de um imenso esforço de conquista. Não herdamos senão um saber arduamente adquirido. É exatamente o princípio que guia o discípulo que sou. Todas as vezes que tenho de tratar um problema teórico, mergulho de novo primeiro no estudo dos antigos, depois esqueço, em seguida tento recuperar o saber assimilado. É então que, com muita freqüência, me surpreendo sugerindo novas propostas. Se há originalidade, ela resulta sempre do acréscimo. Minha divisa poderia ser: *Bem dizer o que já foi dito e se surpreender ao formular novamente.*

Batalhem!

▸ *Não queria que nos despedíssemos sem evocar uma questão que diz respeito a todos os jovens de hoje, a da esperança.*

A esperança é a confiança absoluta que coloco no futuro. É de fato uma expectativa, a expectativa de uma realização da qual serei o ator. Mas pouco importa que essa realização tenha ou não lugar, o que conta é estar mobilizado pela promessa do amanhã, mesmo que seja uma ilusão. Sim, só prevalece a esperança. Por quê? Porque é uma força superior que dá sentido ao presente. Quero dizer que se você tem confiança no futuro, terá a felicidade de saborear o *aqui e agora* da vida. A equação seria a seguinte: tente se projetar para além de você mesmo e suportará melhor as provas do cotidiano.

▸ *Freud e Lacan pertenciam a famílias respectivamente judia e católica banhadas na tradição religiosa e, no entanto, afirmavam não acreditar em Deus. O que pensar disso?*

Segundo a definição que acabo de lhe sugerir, Freud e Lacan são, falando propriamente, homens de fé, pois para desbravar seu caminho lhes foi preciso um impulso que só o desejo de se superar pode insuflar. Mas veja bem, o êxito nunca foi a intenção deles. É uma coisa diferente disso. É um impulso espontâneo, um entusiasmo inabalável de avançar. Eles se deixaram carregar, transportar, arrebatar por uma força irreprimível que os levou a se superar. É precisamente essa força exterior a eles mesmos, transcendente, que foi seu Deus.

▸ *E quanto ao senhor, qual é o seu Deus?*

O Deus dos psicanalistas! Se porventura ele existisse, teria o nome de inconsciente, uma vez que é ele que determina nossos pensamentos, dita nossas escolhas e desperta nossas paixões. O que é o inconsciente senão a força que nos leva a ser aquele que devemos ser?

▸ *Para concluir, que palavra o senhor dirigiria aos jovens que o escutam?*

Minha mensagem resume-se a duas palavras: esforço e modéstia. O pensamento que é apenas pensamento, a escultura apenas concebida, o poema apenas sonhado não custam muito empenho. É a tradução do pensamento em frases, a transformação da pedra em estátua e a composição do poema que exigem um esforço. Esse esforço é longo e doloroso, e, no entanto, depois de tê-lo realizado, tem-se a sensação de que é muito precioso, mais precioso ainda que a obra na qual resulta, porque, graças a ele, extraiu-se de si mais do que havia, alçou-se vôo acima de si mesmo.

A experiência do esforço é, para mim, tão formadora que não hesitarei em dizer aos jovens: *Batalhem!* Embora isso não esteja na moda, o futuro pertence àqueles que forem à luta.

Quanto à modéstia, entendo-a no sentido de fazer o que se tem a fazer, realizar com todos os meios disponíveis a tarefa que se tem diante de si. Quero dizer que, para ter uma chance de ser bem-sucedido é preciso concentrar toda sua energia sobre a ação presente sem pensar no sucesso eventual. Que a frase que se escreve ou o traço que se desenha sejam, no momento em que são executados, as únicas obras a serem levadas em conta. Não existe obra senão o ato em vias de se realizar, mesmo o mais comum. Eis portanto a máxima que poderia guiar o jovem tomado por seu projeto:

Fazer com paixão, e, ao fazer, se fazer!

1ª EDIÇÃO [2003]

ESTA OBRA FOI COMPOSTA POR TOPTEXTOS EDIÇÕES GRÁFICAS EM BERKELEY E CAECILIA E IMPRESSA PELA UMLIVRO EM PROCESSO DE IMPRESSÃO SOB DEMANDA SOBRE PAPEL ALTA ALVURA DA SUZANO S.A. PARA A EDITORA SCHWARCZ A PARTIR DE AGOSTO DE 2020

FSC
www.fsc.org
MISTO
Papel produzido a partir de fontes responsáveis
FSC® C128038

A marca FSC® é a garantia de que a madeira utilizada na fabricação do papel deste livro provém de florestas que foram gerenciadas de maneira ambientalmente correta, socialmente justa e economicamente viável, além de outras fontes de origem controlada.